# 바로 알고,
# 바로 쓰는
# 빵빵한
# 영단어

글·그림 | 박빛나
감수 | 현상길

U&B
유앤북

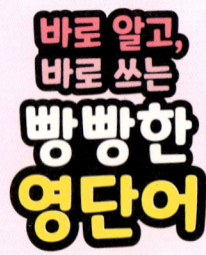

**초판 1쇄 인쇄** | 2022년 1월 25일
**초판 3쇄 발행** | 2023년 10월 10일

| | | |
|---|---|---|
| 글 · 그림 | | 박빛나 |
| 감　　수 | | 현상길 |
| 펴 낸 이 | | 안대준 |
| 펴 낸 곳 | | 유앤북 |
| 등　　록 | | 제 2022-000002호 |
| 주　　소 | | 서울시 중구 필동로 8길 61-16, 4층 |
| 전　　화 | | 02-2274-5446 |
| 팩　　스 | | 0504-086-2795 |

ISBN 979-11-97752-51-3 74700
ISBN 979-11-97752-50-6 74700 (세트)

※ 이 책의 저작권은 〈유앤북〉에 있습니다. 저작권법에 의해 보호를 받는 저작물이므로
　무단 전재와 복제를 금합니다.
※ 잘못된 책은 〈유앤북〉에서 바꾸어 드립니다.
※ 여러분의 소중한 원고를 기다립니다. you_book@naver.com

# 머리말

## '빵빵한 영단어'로
## 쉽고 재미있게 영어를 배워요

21세기를 살아가는 우리에게 영어는 정말 중요하다고 모두들 말합니다. 영어를 할 수 있다면 우리가 얻을 수 있는 정보가 엄청나게 많아진다는 점도 한 몫을 하겠지요. 하지만 모두가 영어가 중요하다고 말하는데도, 영어는 우리에게 왜 어렵기만 할까요? 왜 많은 사람들이 영어를 오래 배우고도 여전히 어려워하기만 할까요?

그건 한국에서는 영어를 실생활에서 사용할 일이 거의 없기 때문이 아닐까 생각합니다. 일상생활 속에서 단어를 배우는 것이 아니라, 언제나 종이에 쭉 적혀 있는 스펠링과 발음과 뜻을 외울 뿐이니까요. 그래서 《《빵빵한 영단어》》는 어렵고 낯선 영단어에 어린이들이 보다 쉽게 접근할 수 있게 도와주기 위해 기획되었습니다.

그리는 영어가 힘들기만 한 평범한 초등학생입니다. 영어 때문에 누나와 다투기도 하죠. 그러던 어느 날 학교에 유령이 나타나고 모든 걸 엉망진창으로 만들어 놓는데, '유령

헬퍼'가 그리에게 나타나 영어 단어를 말하면서 유령을 퇴치할 수 있는 방법을 알려 줍니다. 과연 그리는 영어 단어를 잘 배워서 유령들을 모두 퇴치하고, 영어에 대한 자신감도 얻을 수 있을까요? 어린이 여러분들이 그리와 함께 위기를 극복해 나가며 영어 단어를 자연스럽게 접할 수 있기를 바랍니다.

어렵지 않게 영어 단어를 배우길 바라는 마음으로 단어 옆에 한글 발음을 적어 두었습니다. 단어를 읽으며 자연스럽게 발음도 배울 수 있습니다. 또한 한 단어의 여러 가지 뜻을 모두 알 수 있게 뜻을 별도로 적어 두어 영단어를 풍부하게 익힐 수 있게 하였습니다.

쉽고 재미있게 영단어를 배울 수 있는 빵빵한 영단어 책으로 멀게만 느껴졌던 영어 공부에 한걸음 더 가까워질 수 있기를 바랍니다.

감사합니다.

박 빛 나

## 등장인물 소개

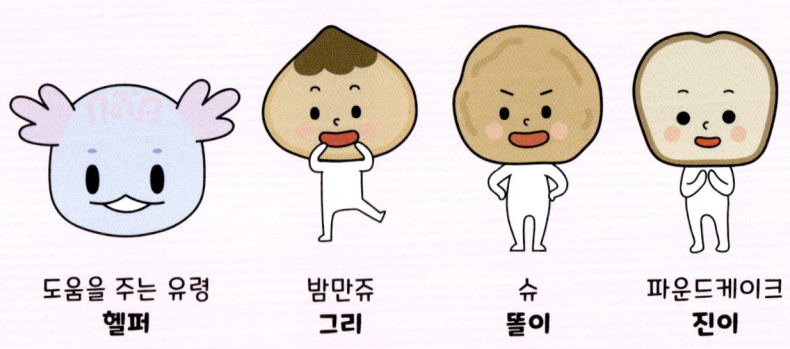

도움을 주는 유령
**헬퍼**

밤만쥬
**그리**

슈
**똘이**

파운드케이크
**진이**

# 차례

| | | | |
|---|---|---|---|
| 1장 | 학교 괴담 | ………………………… | 11 |
| 2장 | 유령 퇴치 실전! | ………………………… | 61 |
| 3장 | 카드 오픈! 유령 붕인 | ………………………… | 97 |
| 4장 | 화살표를 지켜라! | ………………………… | 141 |
| 5장 | 학교를 덮은 유령의 기운 | ………………………… | 185 |
| 6장 | 평화의 상징을 찾았다 | ………………………… | 225 |

# 발음기호 알림표[모음]

| 발음기호 | 우리말 | 표기 | 철자 | 단 | | 어 | |
|---|---|---|---|---|---|---|---|
| ɑ | 아 | ㅏ | a | art [ɑ́ːrt] 아알트 | | start [stɑːrt] 스타- | |
| | | | o | hot [hát] 핫 | | box [bɑks] 박스 | |
| e | 에 | ㅔ | a | many [méni] 메니 | | made [méid] 메이드 | |
| | | | e | very [véri] 베리 | | pen [pen] 펜 | |
| | | | ea | dead [ded] 데드 | | head [hed] 헤드 | |
| i | 이 | ㅣ | i | bright [brait] 브라이트 | | this [ðis] 디스 | |
| | | | e | excuse [ikskjúːz] 익스큐-스 | | | |
| | | | y | easy [íːzi] 이-지 | | very [véri] 베리 | |
| ɔ | 오 | ㅗ | a | all [ɔːl] 오-ㄹ | | call [kɔːl] 코-ㄹ | |
| | | | au | autumn [ɔ́ːtəm] 오-텀 | | August [ɔ́ːgəst] 오-거스트 | |
| | | | o | broad [brɔːd] 브로-드 | | soft [sɔːft] 소프트 | |
| | | | ou | course [kɔːrs] 코-스 | | thought [θɔːt] 쏘-트 | |
| u | 우 | ㅜ | u | cloud [klaud] 클라우드 | | pull [pul] 풀 | |
| | | | oo | cool [kuːl] 쿠-ㄹ | | food [fuːd] 푸-드 | |
| æ | 애 | ㅐ | a | dance [dæns] 댄스 | | family [fǽməli] 패멀리 | |
| ɛ | 에 | ㅔ | a | hair [hɛər] 헤어 | | care [kɛər] 케어 | |
| ə | 어 | ㅓ | a | America [əmérikə] 어메리커 | | chair [tʃɛər] 체어 | |
| | | | e | area [ɛ́əriə] 에어리어 | | certain [sə́ːrtn] 서-튼 | |
| | | | o | mirror [mírər] 미러 | | from [frəm] 프럼 | |
| ʌ | 어 | ㅓ | o | become [bikʌ́m] 비컴 | | mother [mʌ́ðər] 머더 | |
| | | | u | butter [bʌ́tər] 버터 | | puppy [pʌ́pi] 퍼피 | |
| ɑː | 아: | ㅏ | o | comedy [kɑ́ːmədi] 카아머디 | | | |
| | | | a | dark [dɑːrk] 다-크 | | chart [tʃɑːrt] 차아~트 | |
| iː | 이: | ㅣ | ee | see [siː] 시- | | knee [niː] 니이 | |
| | | | ea | leader [líːdər] 리-더 | | really [ríːəli] 리-얼리 | |
| əː | 어: | ㅓ | a, u | learn [ləːrn] 런- | | nurse [nəːrs] 너-쓰 | |
| uː | 우: | ㅜ | o | whose [huːz] 후-즈 | | room [ruːm] 루-ㅁ | |
| ɔː | 오: | ㅗ | o | morning [mɔ́ːrniŋ] 모오닝 | | north [nɔːrθ] 노얼쓰 | |
| ai | 아이 | ㅏㅣ | i, y | high [hai] 하이 | | try [trai] 트라이 | |
| au | 아우 | ㅏㅜ | ou, ow | round [raund] 라운드 | | how [hau] 하우 | |
| ei | 에이 | ㅔㅣ | a, ai | cake [keik] 케이크 | | nail [neil] 네일 | |
| ɔi | 오이 | ㅗㅣ | oi, oy | voice [vɔis] 보이스 | | boy [bɔi] 보이 | |
| ou | 오우 | ㅗㅜ | o, oe | old [ould] 오울드 | | toe [tou] 토우 | |
| ɛər | 에어 | ㅔㅓ | are | bare [bɛər] 베어 | | care [kɛər] 케어 | |
| iər | 이어 | ㅣㅓ | ear, iar | ear [iər] 이어 | | diary [dáiəri] 다이어리 | |
| uər | 우어 | ㅜㅓ | wer, oor | shower [ʃáuər] 샤우어- | | poor [puər] 푸어 | |

# 발음기호 알림표[자음]

| 발음기호 | 우리말 | 표기 | 철자 | 단 | 어 |
|---|---|---|---|---|---|
| g | 그 | ㄱ | g | game [geim] 게임 | great [greit] 그레이트 |
| n | 느 | ㄴ | n | nice [nais] 나이스 | nature [néitʃər] 네이처 |
| d | 드 | ㄷ | d | day [dei] 데이 | find [faind] 파인드 |
| ð | 드 | ㄷ | th | this [ðis] 디스 | that [ðæt] 댓트 |
| l | 르 | ㄹ | l | like [laik] 라이크 | lion [láiən] 라이언 |
| r | 르 | ㄹ | r | round [raund] 라운드 | roam [roum] 루움 |
| m | 므 | ㅁ | m | make [meik] 메이크 | milk [milk] 밀크 |
| b | 브 | ㅂ | b | book [buk] 북 | boy [bɔi] 보이 |
| v | 브 | ㅂ | v | visit [vízit] 비짓 | very [véri] 베리 |
| s | 스 | ㅅ | s | son [sʌn] 선 | school [sku:l] 스쿠울 |
| θ | 쓰 | ㅆ | th | think [θiŋk] 씽크 | math [mæθ] 매쓰 |
| ŋ | 응 | ㅇ | ng | strong [strɔ:ŋ] 스트로옹 | length [leŋkθ] 렝스 |
| z | 즈 | ㅈ | z | zero [zíərou] 지-로우 | zoo [zu:] 주 |
| dʒ | 즈, 쥐 | ㅈ, 쥐 | j, g | joy [dʒɔi] 죠이 | energy [énərdʒi] 에너쥐 |
| t | 트 | ㅌ | t | time [taim] 타-임 | take [teik] 테이크 |
| k | 크 | ㅋ | k, c | key [ki:] 키- | clock [klak] 클락 |
| f | 프 | ㅍ | f, ph | face [feis] 페이스 | photo [fóutou] 포우토우 |
| p | 프 | ㅍ | p | pool [pu:l] 푸울 | play [plei] 플레이 |
| h | 흐 | ㅎ | h | happy [hǽpi] 해피 | hear [hiər] 히어 |
| ʃ | 쉬 | 쉬 | sh | should [ʃəd] 셔드 | wash [waʃ] 와쉬 |
| tʃ | 츠, 취 | ㅊ, 취 | ch | choice [tʃɔis] 초이스 | child [tʃaild] 촤일드 |
| ʒ | 쥬 | 쥬 | su, sio | treasure [tréʒər] 트레저 | television [téləvìʒən] 텔레비젼 |
| w | 우 | 우 | wi, wo | with [wəð] 위드 | work [wə:rk] 워-크 |
| j | 이 | 이 | ye, yo | year [jiər] 이어 | young [jʌŋ] 영 |

# 1장

## 학교 괴담

# 1장 학교 괴담

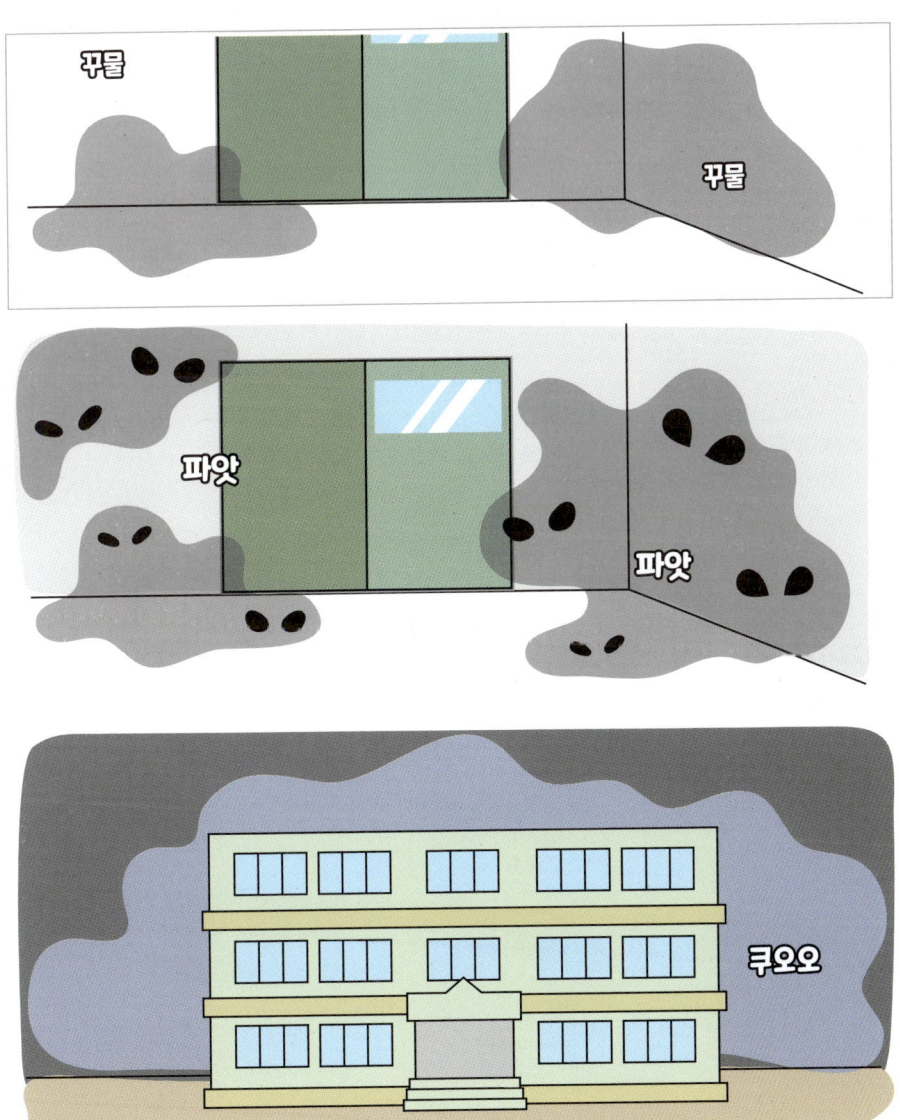

바로 알고, 바로 쓰는 빵빵한 영단어

# 1장 학교 괴담

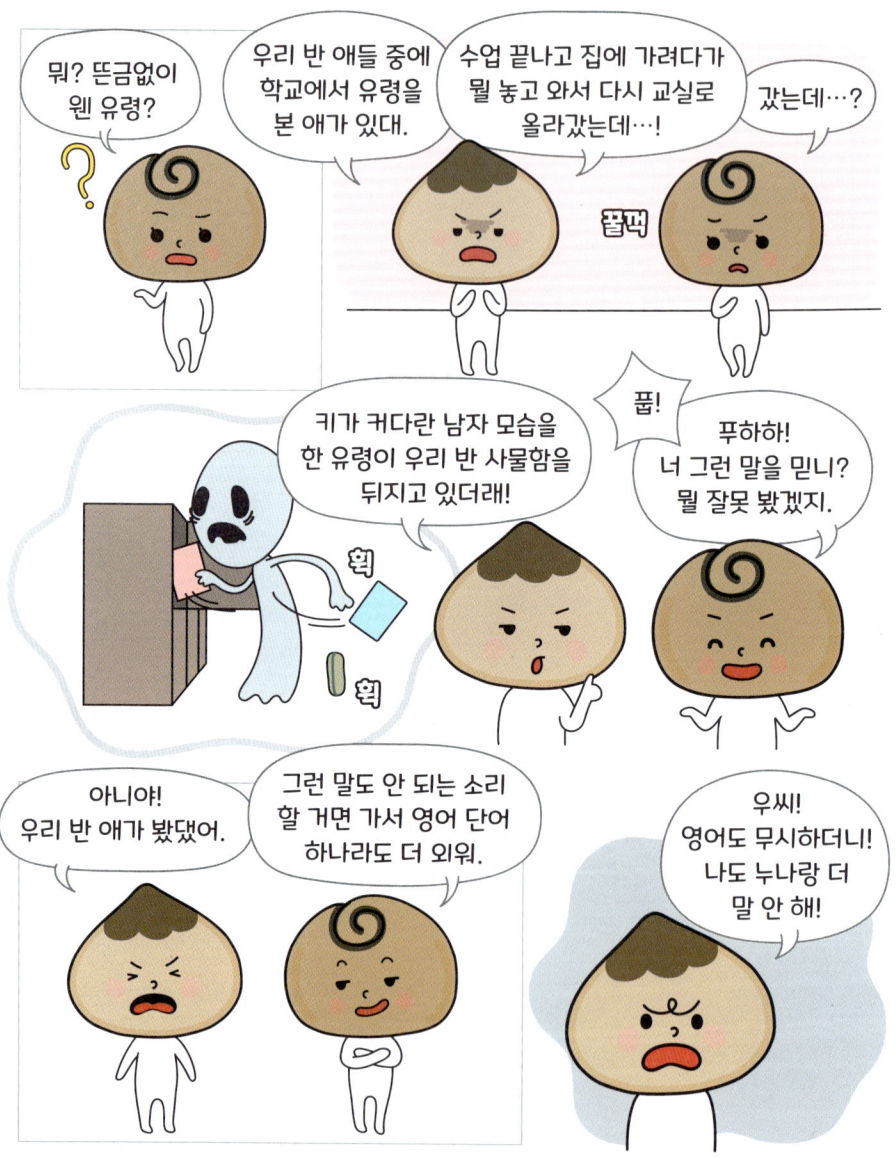

# 1장 학교 괴담

# 1장 학교 괴담

# 1장 학교 괴담

# 1장 학교 괴담

# 1장 학교 괴담

# 1장 학교 괴담

# 1장 학교 괴담

# 1장 학교 괴담

# 1장 학교 괴담

# 1장 학교 괴담

# 1장 학교 괴담

# 1장 학교 괴담

# 1장 학교 괴담

# 1장 학교 괴담

## 1장 학교 괴담

# 1장 학교 괴담

# 단어장

| | | |
|---|---|---|
| helper | [hélpər] 헬퍼 : 몡도와주는 사람 | |
| wind | [wind] 윈드 : 몡바람 | |
| hide | [haid] 하이드 : 통감추다, 숨다 | |
| see | [siː] 씨이 : 통보다, 알다 | |
| catch | [kætʃ] 캐취 : 통잡다, 걸리다 몡잡음 | |
| sleep | [sliːp] 슬리이프 : 통자다 몡수면 | |
| clue | [kluː] 클루 : 몡단서, 실마리 | |
| clean | [kliːn] 클리인 : 휑깨끗한 통청소하다 | |
| protect | [prətékt] 프러텍ㅌ : 통보호하다 | |
| curve | [kəːrv] 커~브 : 몡곡선, 모퉁이 | |
| appear | [əpíər] 어피어~ : 통...인 것처럼 보이다, 나타나다 | |
| shoot | [ʃuːt] 슈우ㅌ : 통쏘다, 슛하다, 촬영하다 | |
| avoid | [əvɔ́id] 어보이ㄷ : 통피하다, 막다 | |
| correct | [kərékt] 커~렉ㅌ : 휑정확한 통바로잡다 | |
| goal | [goul] 고울 : 몡득점, 목표 | |
| kick | [kik] 킥 : 통(발로) 차다 몡차기 | |
| stairs | [stɛərs] 스테어~스 : 몡계단 | |
| remove | [rimúːv] 리무우브 : 통치우다, 없애다 | |
| move | [muːv] 무우브 : 통움직이다, 옮기다 몡조치, 이동 | |
| anticipate | [æntísəpèit] 엔티쓰페잇ㅌ : 통예상하다 | |
| fast | [fæst] 패스ㅌ : 휑튀빠른[르게] | |
| slow | [slou] 슬로우 : 휑느린 통천천히 가다, 속도를 줄이다 | |
| run | [rʌn] 런 : 통달리다, 운영하다 | |
| grab | [græb] 그랩 : 통움켜잡다 몡잡아채기 | |

| | | |
|---|---|---|
| **recover** | [rikʌ́vər] 리커버~ : 동회복하다, 되찾다 | |
| **blow** | [blou] 블로우 : 동불다 명불기, 타격 | |
| **nice** | [nais] 나이ㅆ : 형좋은 | |
| **dirty** | [də́ːrti] 더~티 : 형더러운 | |
| **listen** | [lísn] ㄹ리쓴 : 동(귀 기울여)듣다 | |
| **master** | [mǽstər] 매ㅅ터~ : 명주인, 대가, 석사 동능숙해지다 | |
| **ant** | [ænt] 엔트 : 명개미 | |
| **bee** | [biː] 비- : 명벌 | |
| **butterfly** | [bʌ́tərflài] 버터플라이 : 명나비 | |
| **moth** | [mɔːθ] 모-ㅆ : 명나방 | |
| **caterpillar** | [kǽtərpìlər] 캐터필러 : 명애벌레 | |
| **dragonfly** | [drǽgənflài] 드래건플라이 : 명잠자리 | |
| **spider** | [spáidər] 스파이더 : 명거미 | |
| **ladybug** | [léidibʌ̀g] 레이디벅 : 명무당벌레 | |
| **pencil** | [pénsəl] 펜슬 : 명연필 | |
| **eraser** | [iréisər] 이레이서 : 명지우개 |

# 2장

## 유령 퇴치 실전!

## 2장 유령퇴치 실전!

## 2장 유령퇴치 실전!

## 2장 유령퇴치 실전!

# 2장 유령퇴치 실전!

## 2장 유령퇴치 실전!

## 2장 유령퇴치 실전!

## 2장 유령퇴치 실전!

## 2장 유령퇴치 실전!

## 2장 유령퇴치 실전!

## 2장 유령퇴치 실전!

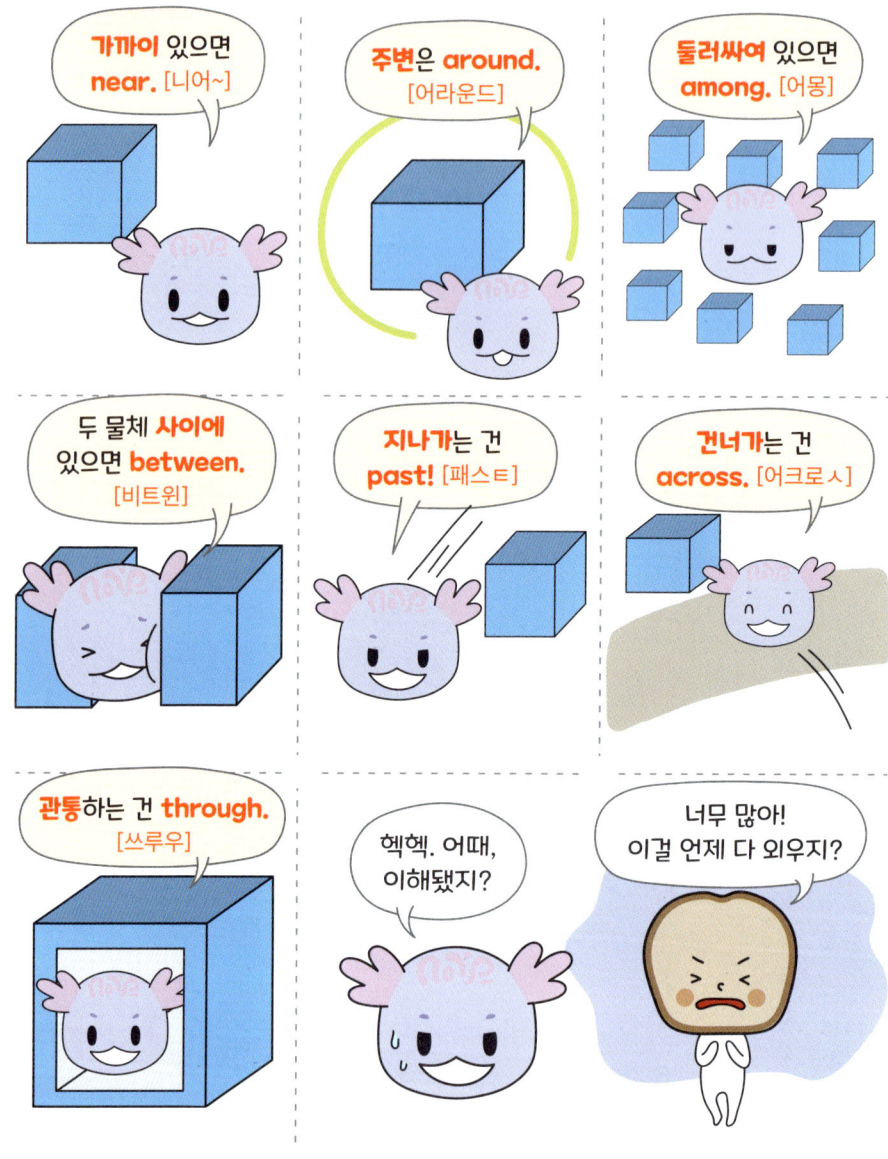

## 2장 유령퇴치 실전!

# 2장 유령퇴치 실전!

## 2장 유령퇴치 실전!

# 단어장

| | | |
|---|---|---|
| entrance | [éntrəns] 앤트런쓰 : | 명출입문, 입학, 가입 |
| turn | [təːrn] 터~언 : | 동돌[리]다, 바꾸다, 켜다 명회전, 차례 |
| stop | [stap] ㅅ탚 : | 동멈추다 명멈춤, 정류장 |
| yell | [jel] 옐 : | 동소리치다 |
| calm | [kaːm] 카암 : | 형침착한, 차분한 명평온 |
| fear | [fiər] 피어~ : | 명공포, 두려움 동두려워하다 |
| quiet | [kwáiət] 콰이어ㅌ : | 형조용한 명고요 동조용해지다 |
| tie | [tai] 타이 : | 동묶다, 달다 명넥타이, 끈 |
| open | [óupən] 오우픈 : | 형열려 있는 동열다 |
| light | [lait] ㄹ라이ㅌ : | 명동빛(을 비추다),전등 형가벼운 |
| dark | [daːrk] 다~ㅋ : | 형어두운, 캄캄한 명어둠 |
| confuse | [kənfjúːz] 컨퓨즈 : | 동혼란시키다 |
| obvious | [άbviəs] 아비어쓰 : | 형분명한, 확실한 |
| roll | [roul] 로울 : | 명말아 놓은 것 동구르다 |
| ruler | [rúːlər] 룰러~ : | 명통치자, 지배자, (길이 측정에 쓰는)자 |
| chair | [tʃɛər] 체어~ : | 명의자 |
| desk | [desk] 데스ㅋ : | 명책상 |
| globe | [gloub] 글롭 : | 명지구본 |
| rock | [rak] 락 : | 명암석, 록(음악) 동뒤흔들다 |
| reveal | [rivíːl] 리비을 : | 동드러내다 |
| throw | [θrou] 쓰로우 : | 동던지다, 내몰다 명던지기 |
| joke | [dʒouk] 죠욱ㅋ : | 명동농담[하다] |
| close | [klouz] 클로우즈 : | 동닫다 형가까운 |
| follow | [fálou] 팔로우 : | 동따라가[오]다, 뒤를 잇다 |
| forward | [fɔ́ːrwərd] 포~워드 : | 부앞으로 |
| back | [bæk] 백 : | 명등, 뒤쪽 형뒤쪽 |

| | | |
|---|---|---|
| up | [ʌp] 엎ㅍ | 전부 …의 위로[에] |
| down | [daun] 다운 | 부전 아래로(에) |
| right | [rait] 라잇ㅌ | 형 옳은, 가장 적당한, 오른쪽의 명 권리 |
| left | [left] 레프트 | 형부 왼쪽의(으로) 명 왼쪽 |
| box | [baks] 박쓰 | 명 상자 |
| in | [in, ən; ín] 인 | 전 (공간 내의)…에[에서] 부 안에 |
| out | [aut] 아웃 | 부형 밖에(의) 명 밖으로 |
| into | [ìntə] 인투 | 전 …안[속]으로 |
| on | [ən] 온 | 전 …(위)에, [접촉] 부 (쉬지 않고) 계속하여 |
| behind | [biháind] 비하인드 | 전부 뒤에 |
| under | [ʌ́ndər] 언더~ | 전 …아래에 부 아래에(로) |
| above | [əbʌ́v] 어법 | 전 …보다 위에 부 위로(에) |
| over | [óuvər] 오우버~ | 전 …너머로, …위에 부 넘어지게, 뒤집어 |
| next (to) | [nekst] 넥ㅅ트 | 형부 다음의(에), 옆의(에) |
| beside | [bisáid] 비사이드 | 전 옆에, …에 비해 |
| near | [niər] 니어~ | 형 가까운 부 가까이 |
| around | [əráund] 어라운드 | 부 대략 전 둘레에 |
| among | [əmʌ́ŋ] 어몽 | 전 …중에, …둘러싸여 |
| between | [bitwíːn] 비트윈 | 전 사이에 |
| past | [pæst] 패스트 | 형명 과거(의) 전 지나서 |
| across | [əkróːs] 어크로ㅅ | 부 건너서, 가로질러 전 맞은편에 |
| through | [θruː] 쓰루우 | 전 …을 통해 부 줄곧, 내내 |
| prison | [prízn] 프리즌 | 명 교도소, 감옥 |
| plan | [plæn] 플랜 | 명동 계획[을 세우다] |

# 3장
## 카드 오픈! 유령 봉인

## 3장 카드 오픈! 유령 봉인

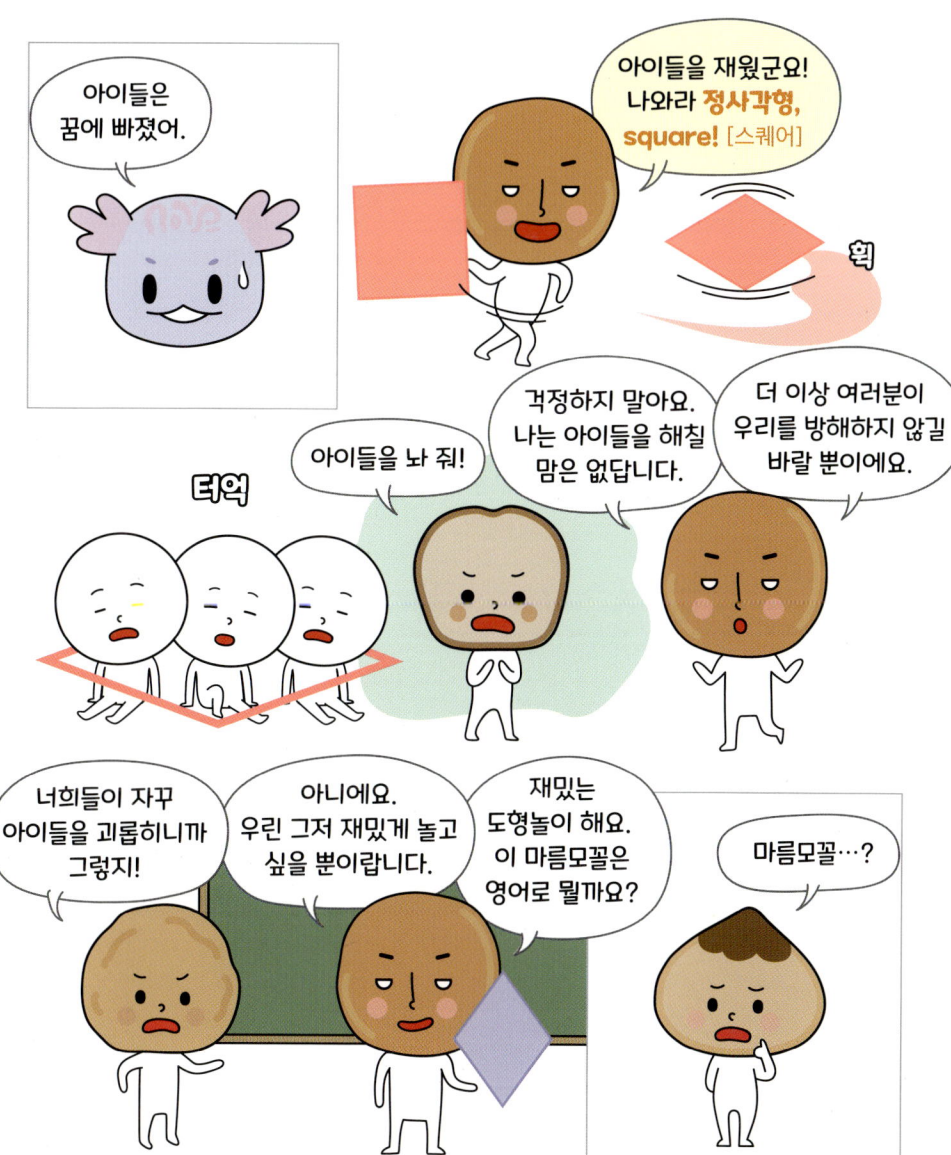

# 3장 카드 오픈! 유령 봉인

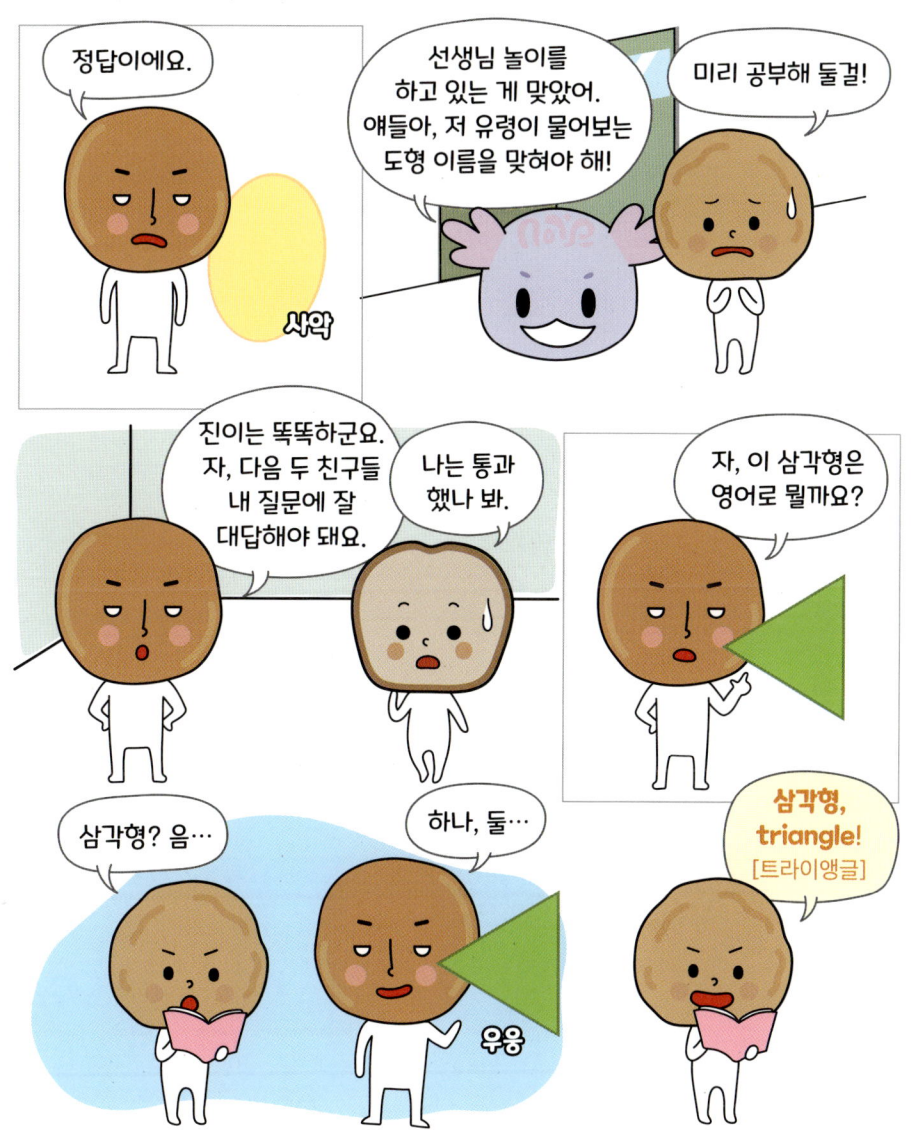

### 3장 카드 오픈! 유령 봉인

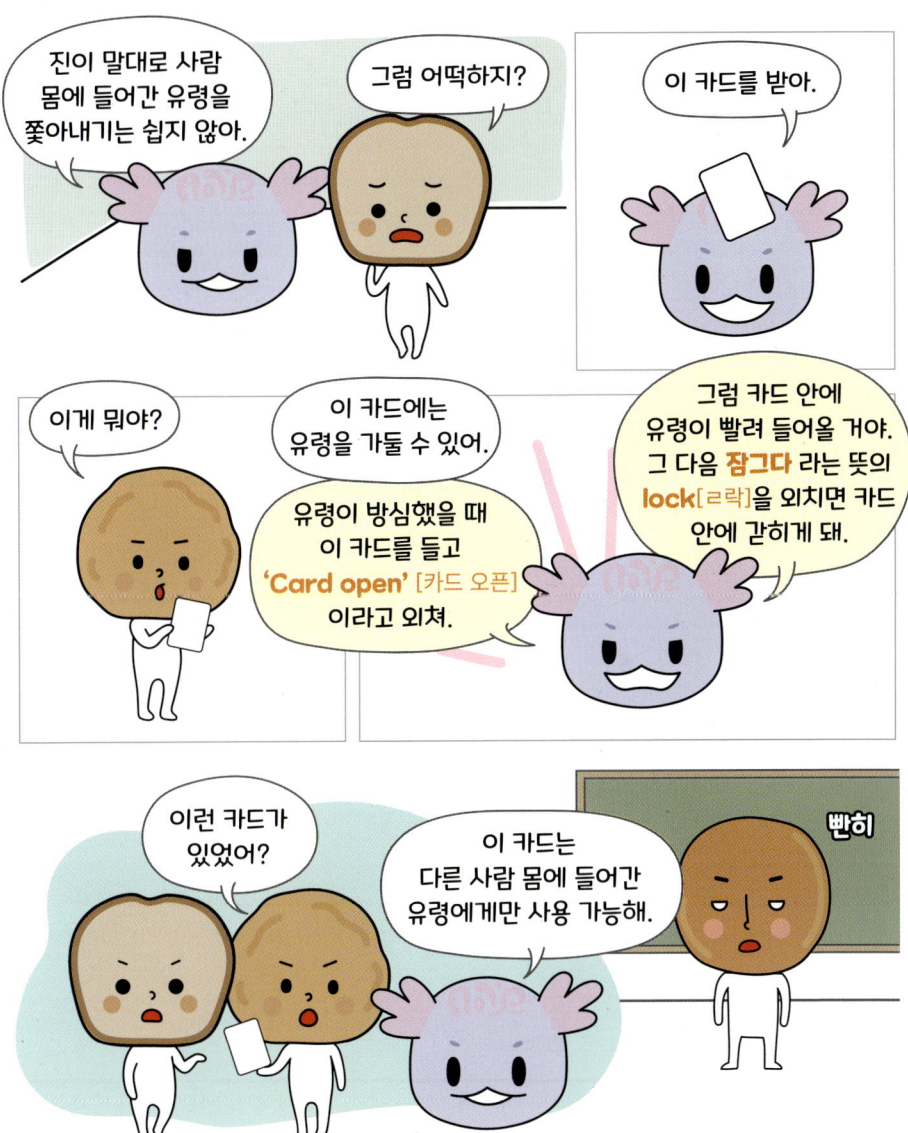

### 3장 카드 오픈! 유령 봉인

## 3장 카드 오픈! 유령 봉인

## 3장 카드 오픈! 유령 봉인

### 3장 카드 오픈! 유령 봉인

## 3장 카드 오픈! 유령 봉인

# 3장 카드 오픈! 유령 봉인

## 3장 카드 오픈! 유령 봉인

## 3장 카드 오픈! 유령 봉인

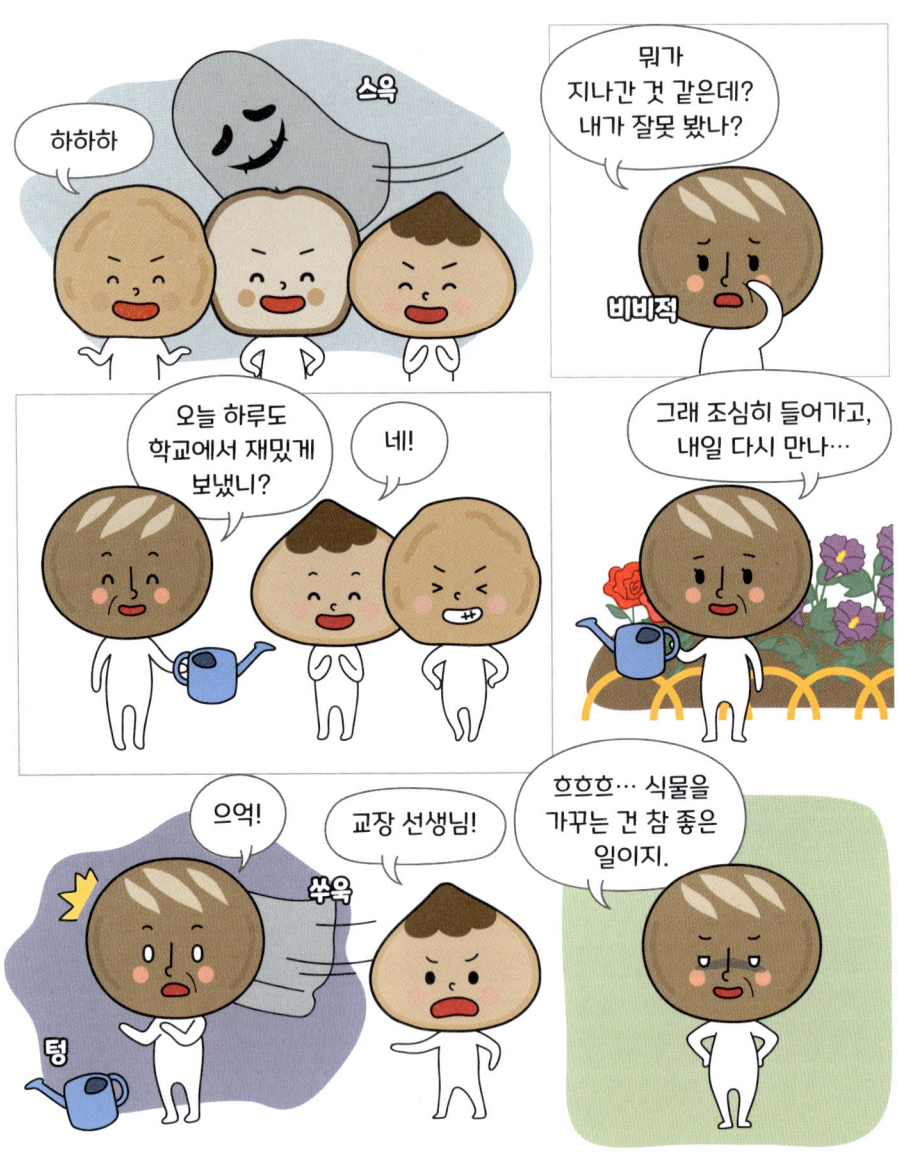

## 3장 카드 오픈! 유령 봉인

## 3장 카드 오픈! 유령 붕인

## 3장 카드 오픈! 유령 봉인

## 3장 카드 오픈! 유령 붕인

## 3장 카드 오픈! 유령 붕인

# 단어장

| | | |
|---|---|---|
| shape | [ʃeip] 쉐잎 | 몡모양, 체형 |
| circle | [sə́ːrkl] 써-클 | 몡원형, 동그라미 |
| dream | [driːm] 드림 | 몡(자면서 꾸는)꿈, (미래에 대한)꿈 됭꿈꾸다 |
| square | [skwɛər] 스퀘어 | 몡정사각형 |
| rhombus | [rɑ́mbəs] 람버스 | 몡마름모꼴 |
| oval | [óuvəl] 오우벌 | 몡타원형 |
| triangle | [tráiæŋgl] 트라이앵글 | 몡삼각형 |
| rectangle | [réktæŋgl] 렉탱글 | 몡직사각형 |
| card | [kaːrd] 카~드 | 몡카드, 증서 |
| lock | [lak] ㄹ락 | 됭(자물쇠로) 잠그다 |
| focus | [fóukəs] 포우커쓰 | 됭집중하다[시키다] 몡초점 |
| question | [kwéstʃən] 퀘스쳔 | 몡질문, 문제 됭질문하다, 심문하다 |
| awake | [əwéik] 어웨이크 | 됭(잠에서)깨다 혱깨어 있는 |
| strange | [streindʒ] ㅅ트레인지 | 혱이상한, 낯선 |
| collection | [kəlékʃən] 컬렉션 | 몡수집(품), 수거 |
| alive | [əláiv] 얼라이브 | 혱살아 있는 |
| attack | [ətǽk] 어택ㅋ | 몡됭폭행, 공격(하다) |
| many | [méni] 메니 | 혱많은 몡다수 |
| jump | [dʒʌmp] 쩜ㅍ | 됭뛰다 몡뜀질, 급상승(물가 등) |
| combine | [kəmbáin] 컴바인 | 됭결합하다 |
| big | [big] 빅 | 혱큰, 나이가 많은, 성장한 틧크게 |
| chase | [tʃeis] 체이쓰 | 됭뒤쫓다, 쫓아내다 몡추적, 추격 |
| hit | [hit] 힛ㅌ | 됭때리다, 부딪치다 몡타격, 성공 |
| divide | [diváid] 디바이드 | 됭나누다, 분할하다 |
| dry | [drai] 드라이 | 혱마른 됭마르다, 말리다 |

| | | |
|---|---|---|
| break | [breik] 브레익ㅋ : | 동깨다, 부러지다 명휴식, 틈 |
| masterpiece | [mǽstərpiːs] 매스터피스 : | 명걸작, 명작, 일품 |
| flower | [fláuər] 플라워 : | 명꽃 |
| plant | [plænt] 플랜트 : | 명식물, 공장 동(나무, 씨앗 등을) 심다 |
| rose | [rouz] 로우즈 : | 명장미 |
| morning glory | [mɔ́ːrniŋ glɔ́ːri] 모-닝글로-리 : | 명나팔꽃 |
| sunflower | [sənflaúər] 선플라워 : | 명해바라기 |
| lily | [líli] 릴리 : | 명백합 |
| grow | [grou] 그로우 : | 동자라다, 기르다, 가꾸다 |
| grand | [grænd] 그랜드 : | 형웅장한, 으뜸인 |
| beautiful | [bjúːtəfəl] 뷰우트플 : | 형아름다운, 멋진 |
| bring | [briŋ] 브링 : | 동가져(데려)오나, 야기하다 |
| tree | [triː] 트리 : | 명나무 |
| sunshine | [sʌnʃaɪn] 선샤인 : | 명햇빛, 햇살, 행복 |
| branch | [bræntʃ] 브랜치 : | 명나뭇가지, 지점 동갈라지다 |
| shake | [ʃeik] 쉐익ㅋ : | 동흔들(리)다 |
| cut | [kʌt] 컷ㅌ : | 동자르다 명상처, 삭감 |
| take | [teik] 테이크 : | 동잡다, 가져가다(데려가다), 받아들이다 |
| root | [ruːt] 룻ㅌ : | 명뿌리 동뿌리를 내리다, 파헤치다 |
| fly | [flai] 플라이 : | 동날다 명파리 |
| cloud | [klaud] 클라우드 : | 명구름 |
| strong | [strɔːŋ] ㅅ트롱 : | 형강한, 튼튼한 |
| pull | [pul] 푸울ㄹ : | 동끌다, 당기다 |
| forest | [fɔ́ːrist] 포~레스트 : | 명숲 |
| continue | [kəntínjuː] 컨티뉴 : | 동계속되다[하다] |

# 4장
## 화살표를 지켜라!

## 4장 화살표를 지켜라!

## 4장 화살표를 지켜라!

## 4장 화살표를 지켜라!

### 4장 화살표를 지켜라!

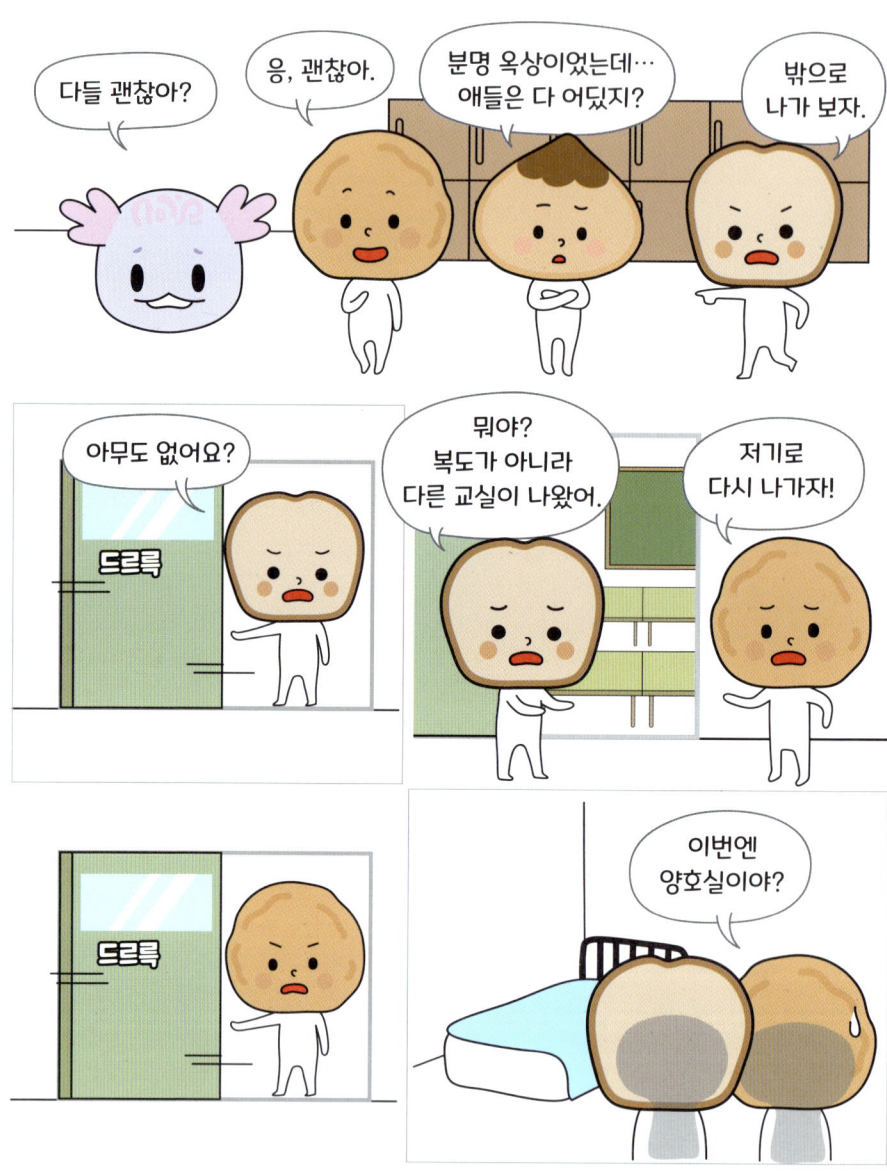

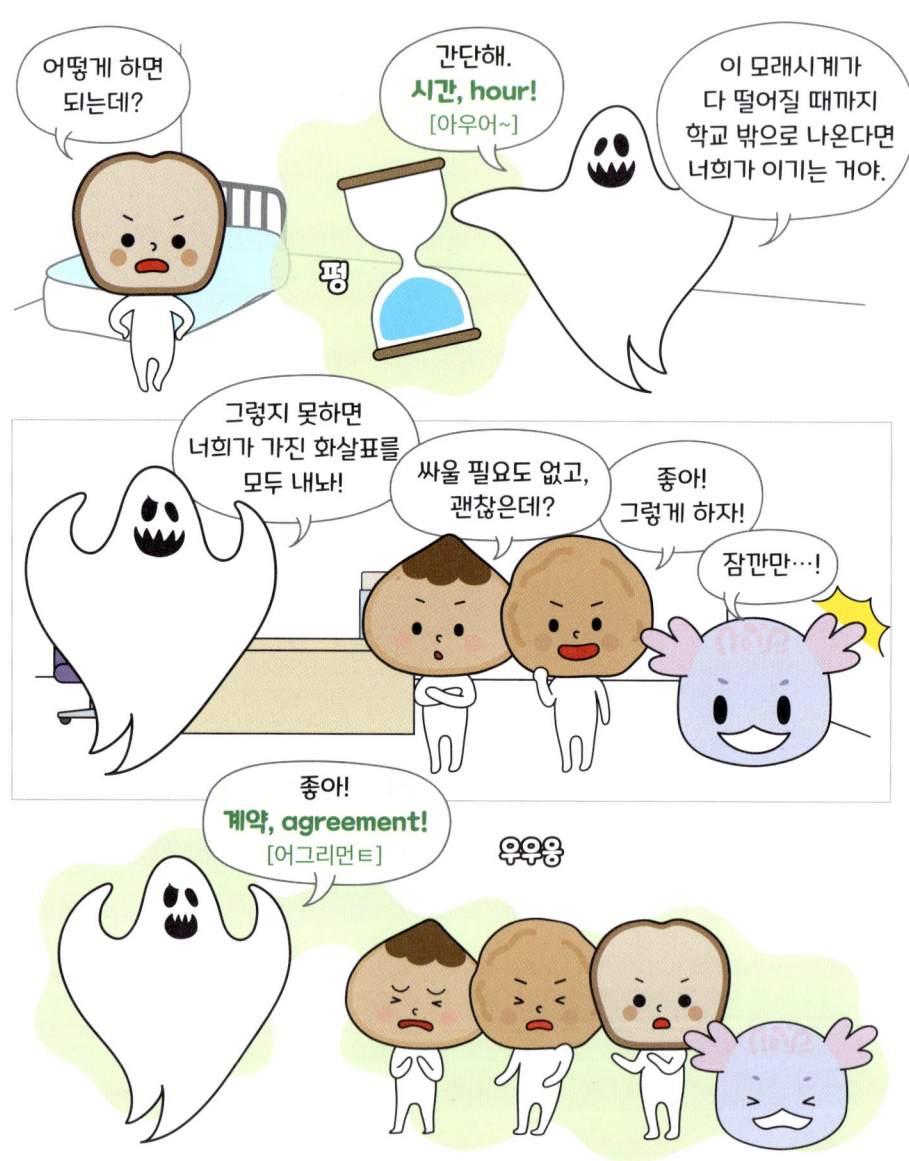

## 4장 화살표를 지켜라!

# 4장 화살표를 지켜라!

## 4장 화살표를 지켜라!

# 4장 화살표를 지켜라!

## 4장 화살표를 지켜라!

# 4장 화살표를 지켜라!

# 4장 화살표를 지켜라!

# 4장 화살표를 지켜라!

# 4장 화살표를 지켜라!

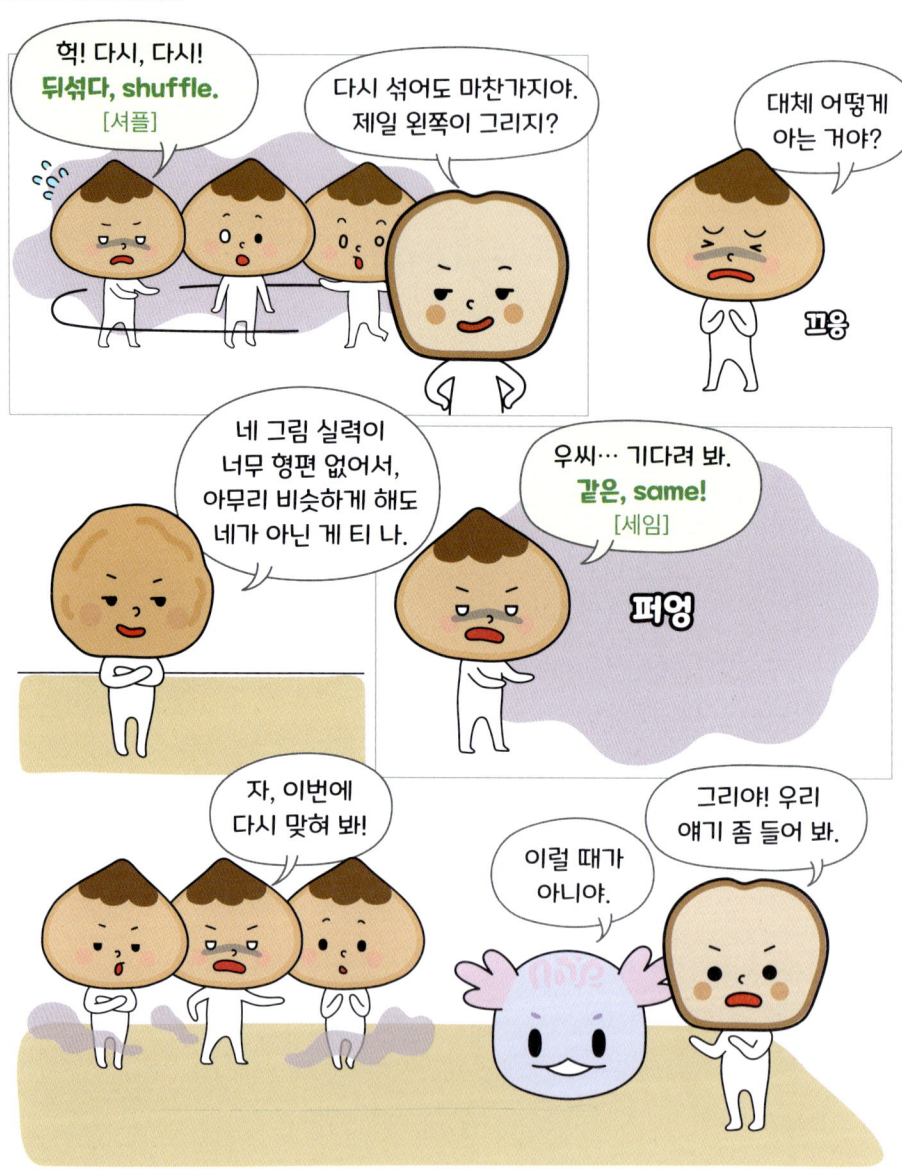

## 4장 화살표를 지켜라!

## 4장 화살표를 지켜라!

## 4장 화살표를 지켜라!

# 단어장

| | | |
|---|---|---|
| maze | [meiz] 메이즈 : 명미로 | |
| secret | [síːkrit] 씨크릿ㅌ : 형명비밀(의), 비결 | |
| hole | [houl] 호울 : 명구멍, 허점, (골프)홀 | |
| hold | [hould] 호울드 : 동잡다, 유지하다, 개최하다 | |
| fall | [fɔːl] 폴 : 동떨어지다, 넘어지다 명넘어짐, 폭포, 가을 | |
| hour | [auər] 아우어~ : 명시간 | |
| agreement | [əgríːmənt] 어그리먼ㅌ : 명동의, 합의, 계약 | |
| trick | [trik] 트릭ㅋ : 명묘책, 장난 동속이다 | |
| start | [staːrt] ㅅ타~ㅌ : 동시작하다 명시작 | |
| map | [mæp] 맵 : 명지도, 약도 | |
| smart | [smaːrt] ㅅ마~ㅌ : 형영리한, 현명한 | |
| hard | [haːrd] 하~드 : 형어려운, 단단한 부열심히 | |
| block | [blak] 블락ㅋ : 동막다 명건물, 사각형 덩어리, 구획 | |
| steal | [stiːl] ㅅ티일 : 동도둑질하다 명(야구에서) 도루 | |
| bridge | [bridʒ] 브릿쥐 : 명(건너는) 다리 | |
| exit | [éksit] 엑씻ㅌ : 명출구 동나가다 | |
| tired | [taiərd] 타이어~ㄷ : 형피곤한 | |
| enter | [éntər] 엔터~ : 동들어가다, (컴퓨터로) 입력하다 | |
| push | [puʃ] 푸우쉬 : 동밀다, 누르다 | |
| bread | [bred] 브레드 : 명빵 | |
| cake | [keik] 케이크 : 명케이크 | |
| rice | [rais] 라이쓰 : 명쌀 | |
| boiled rice | [bɔild rais] 보일드 라이스 : 명밥 | |
| cheese | [tʃiːz] 치-즈 : 명치즈 | |

| | | |
|---|---|---|
| milk | [milk] 밀크 : | 명우유 |
| beef | [biːf] 비-프 : | 명쇠고기 |
| pork | [pɔːrk] 포~크 : | 명돼지고기 |
| sausage | [sɔ́ːsidʒ] 쏘-시지 : | 명소시지 |
| ice cream | [áis kríːm] 아이스크림- : | 명아이스크림 |
| palace | [pǽlis] 펠리스 : | 명궁전, 큰 저택 |
| similar | [símələr] 시밀러 : | 형비슷한, 유사한, 닮은 |
| shuffle | [ʃʌfl] 셔플 : | 동이리저리 움직이다, (물건의 위치, 순서를)이리저리 바꾸다 |
| same | [seim] 세임 : | 형똑같은, 동일한 명같은 것 부똑같이 |
| field | [fiːld] 피일드 : | 명분야, 들판[땅] |
| tag | [tæg] 태그 : | 명꼬리표, 인용구, 술래잡기 |
| angry | [ǽŋgri] 앵그리 : | 형화난 |
| giant | [dʒáiənt] 자이언트 : | 형거대한 |
| huge | [hjuːdʒ] 휴우ㄷ쥐 : | 형큰, 막대한 |
| powerful | [páuərfəl] 파우어~플 : | 형강력한 |
| imagination | [imædʒənéiʃən] 이메쥬네이션 : | 명상상력 |

# 5장
## 학교를 덮은 유령의 기운

# 5장 학교를 덮은 유령의 기운

## 5장 학교를 덮은 유령의 기운

## 5장 학교를 덮은 유령의 기운

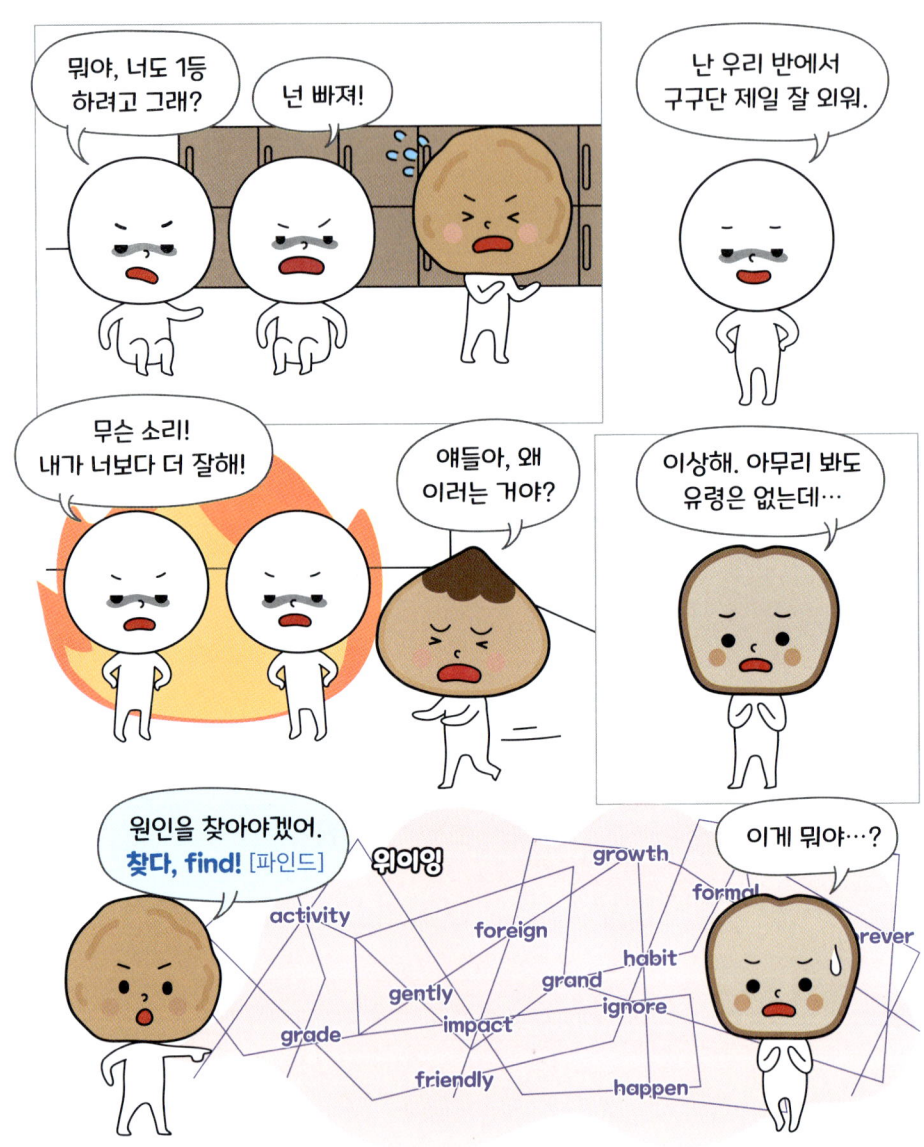

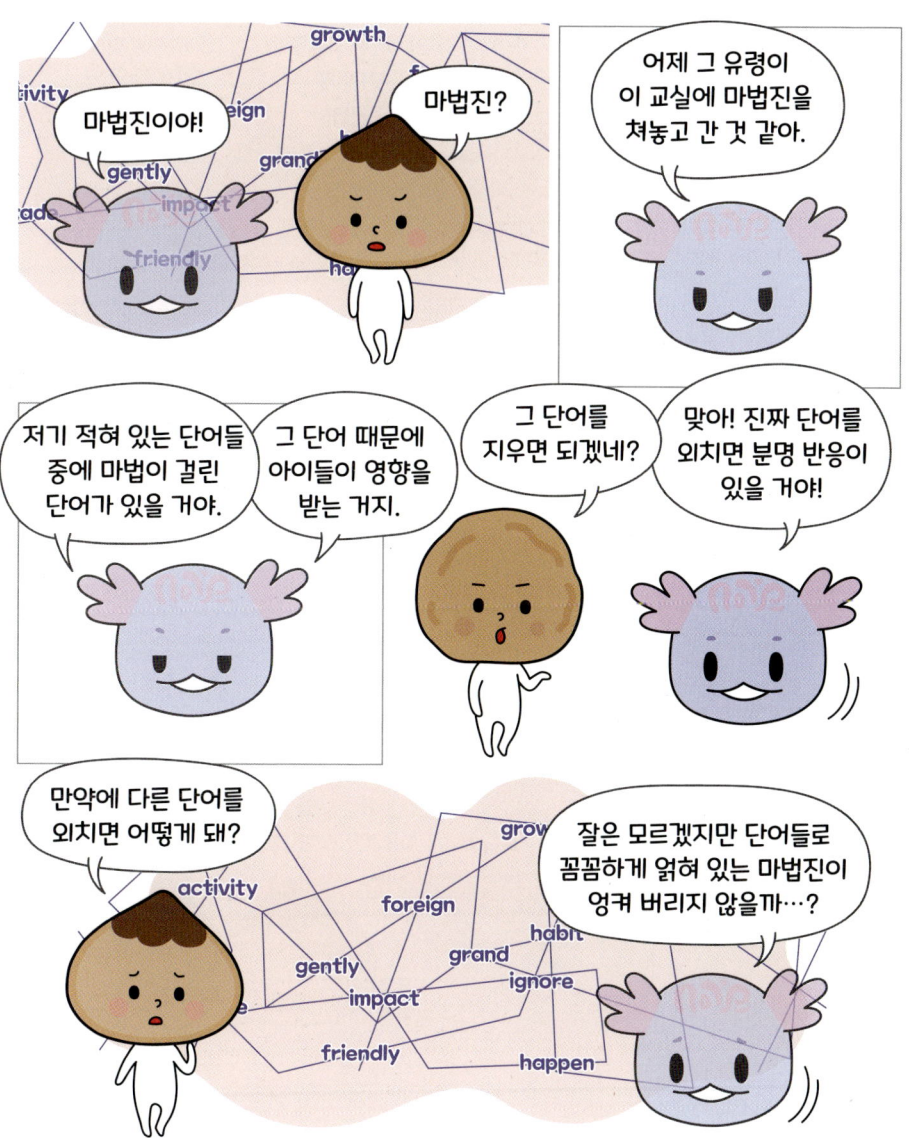

# 5장 학교를 덮은 유령의 기운

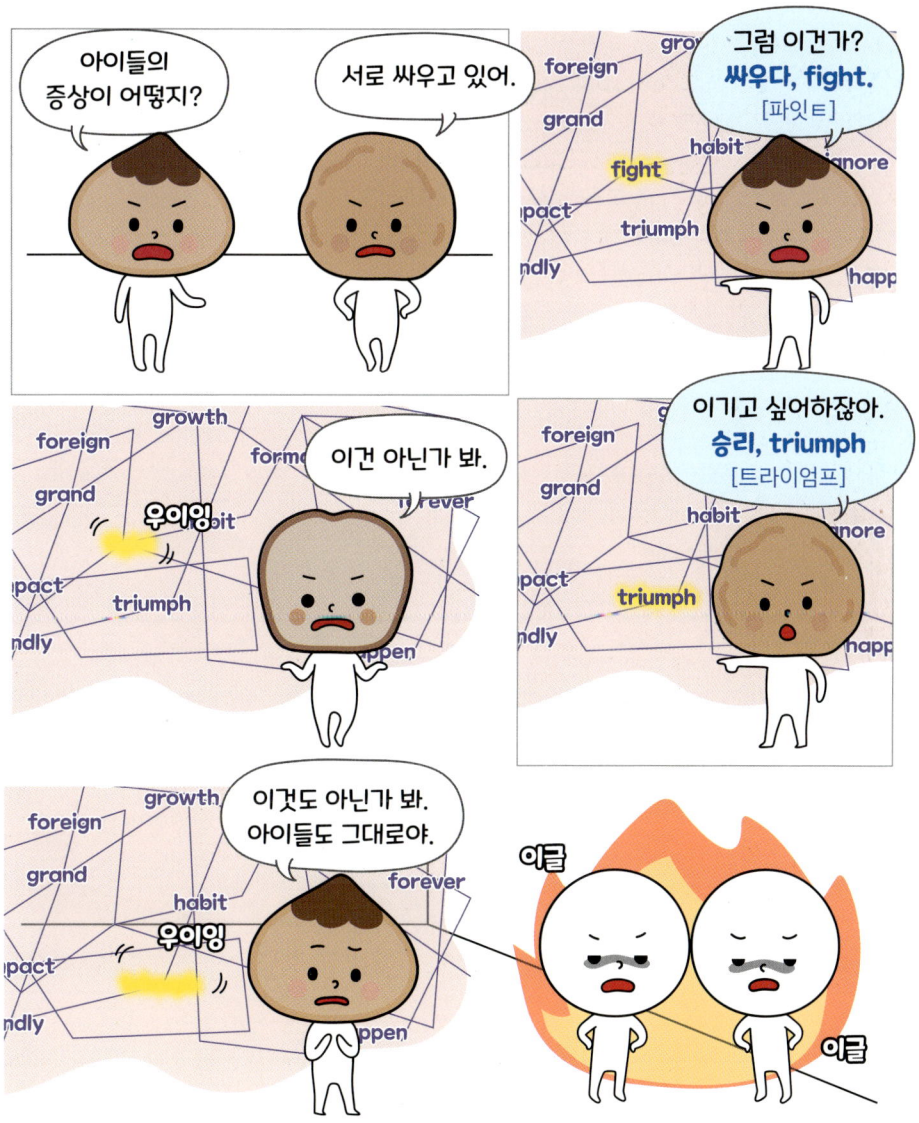

# 5장 학교를 덮은 유령의 기운

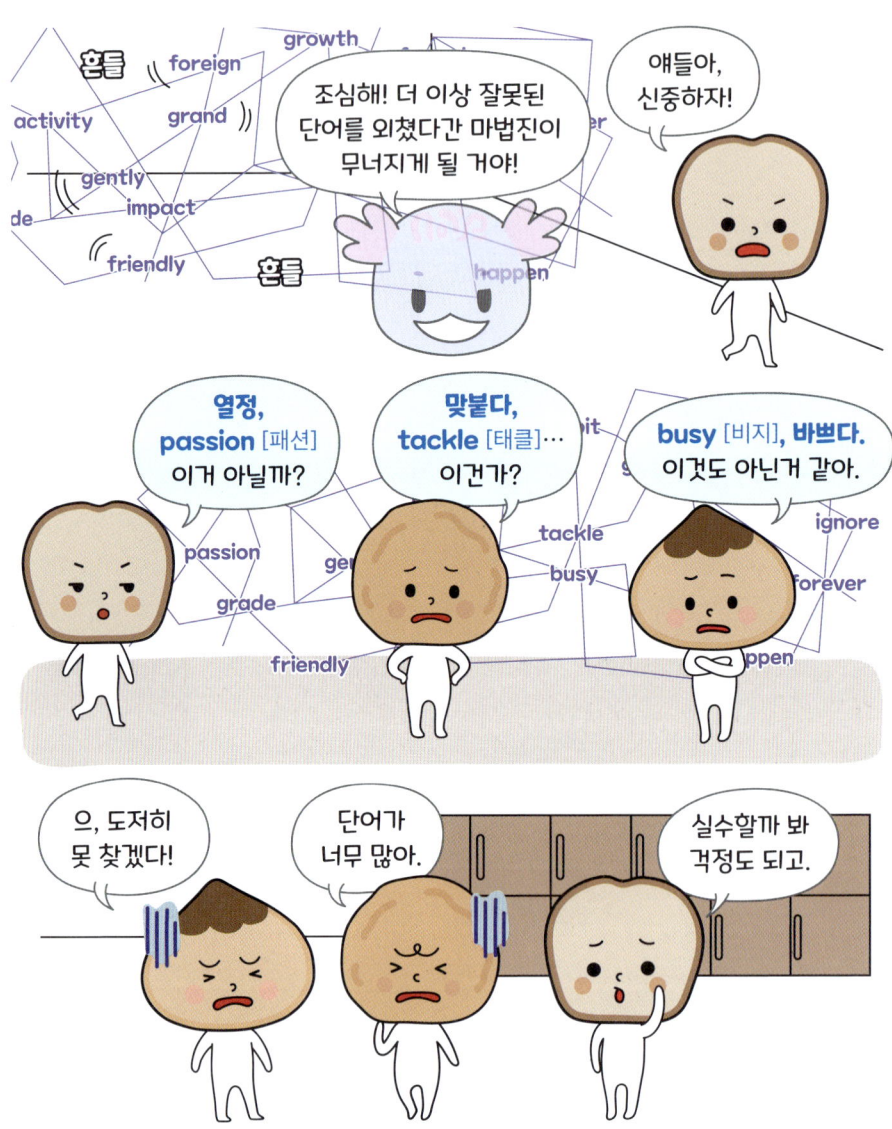

# 5장 학교를 덮은 유령의 기운

## 5장 학교를 덮은 유령의 기운

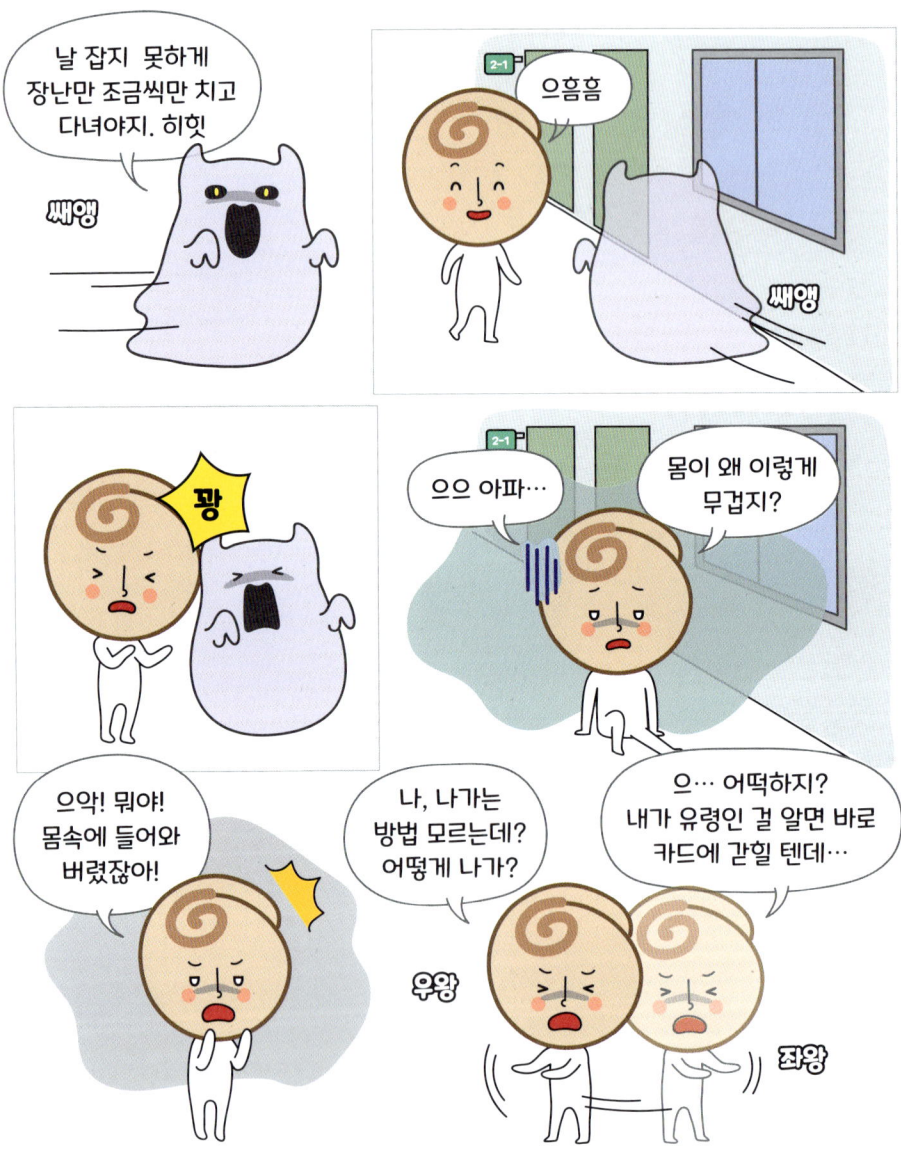

# 5장 학교를 덮은 유령의 기운

# 5장 학교를 덮은 유령의 기운

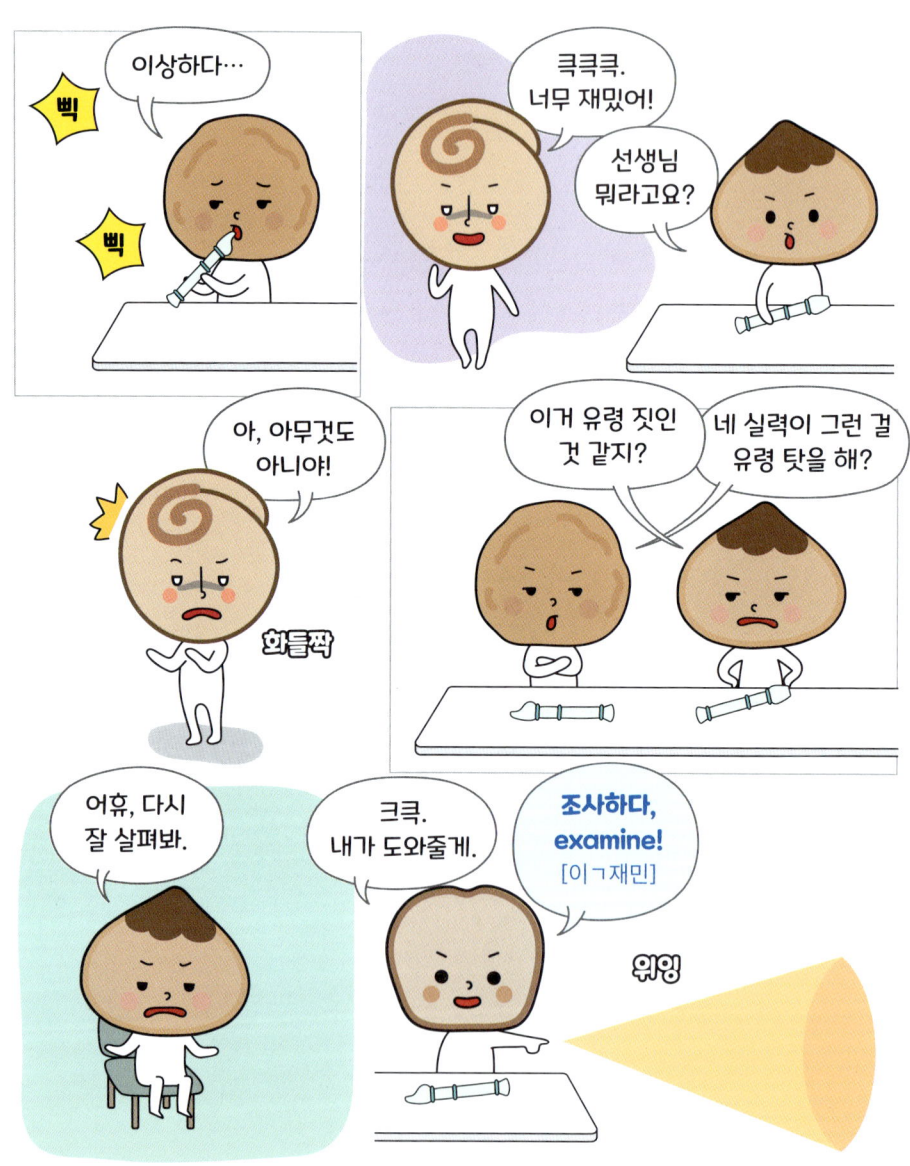

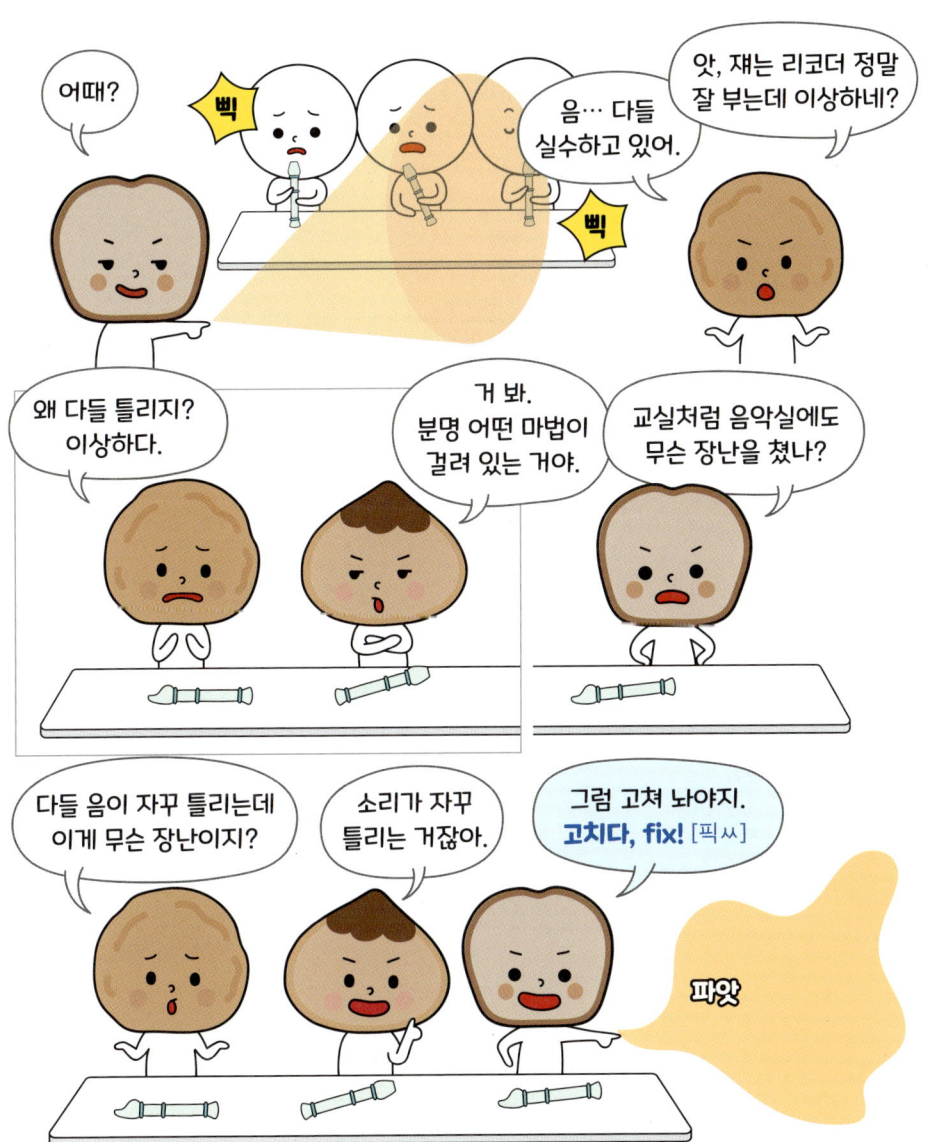

## 5장 학교를 덮은 유령의 기운

## 5장 학교를 덮은 유령의 기운

## 5장 학교를 덮은 유령의 기운

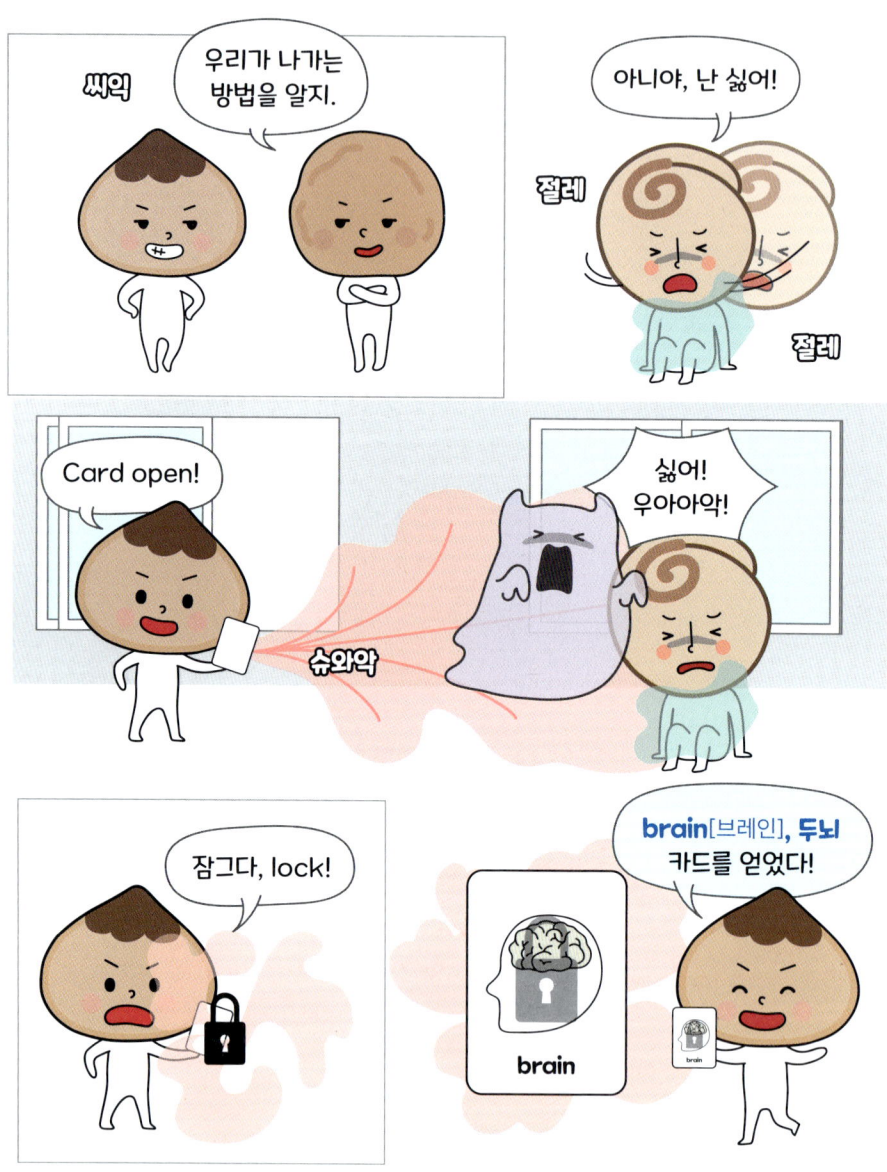

# 5장 학교를 덮은 유령의 기운

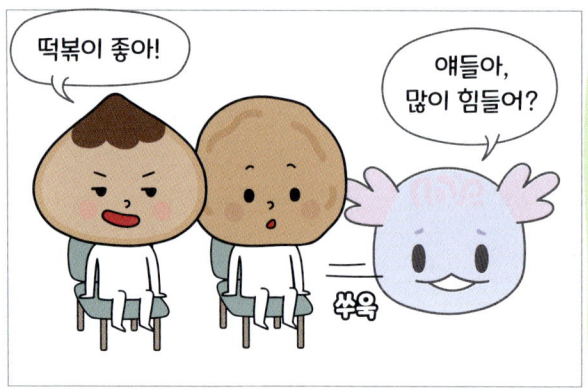

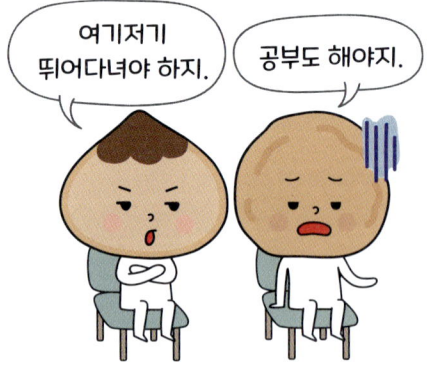

# 5장 학교를 덮은 유령의 기운

## 5장 학교를 덮은 유령의 기운

# 5장 학교를 덮은 유령의 기운

# 5장 학교를 덮은 유령의 기운

## 5장 학교를 덮은 유령의 기운

# 단어장

|  |  |
|---|---|
| unfair | [ʌnféər] 언페어~ : 형불공평한, 부당한 |
| find | [faind] 파인드 : 동찾다 |
| confidence | [kánfədəns] 컨피던ㅆ : 명신뢰, 자신감 |
| fight | [fait] 파잇ㅌ : 동싸우다 명싸움 |
| triumph | [tráiəmf] 트라이엄프 : 명승리 |
| passion | [pǽʃən] 패션 : 명열정 |
| tackle | [tǽkl, téikl] 태클 : 동맞붙다, 다루다 |
| busy | [bízi] 비지 : 형바쁜 |
| cause | [kɔːz] 코오즈 : 명원인, 이유 동…을 야기하다 |
| competition | [kàmpətíʃən] 컴피티션 : 명경쟁, 시합 |
| success | [səksés] 썩쎄ㅆ : 명성공 |
| advantage | [ædvǽntidʒ] 어드밴티쥬 : 명이점, 장점 동유리하게 하다 |
| wrong | [rɔ́ːŋ] 뤄엉 : 형틀린, 잘못된 명나쁜 행동 |
| examine | [igzǽmin] 이ㄱ재민 : 동조사하다, 검사하다 |
| fix | [fiks] 픽ㅆ : 동고정하다, 수리하다 |
| wait | [weit] 웨이ㅌ : 동기다리다 |
| stick | [stik] ㅅ틱 : 명막대 동붙이다, 고수하다 |
| target | [táːrgit] 타~깃 : 명목표, 과녁 |
| accident | [ǽksidənt] 액씨던ㅌ : 명사고, 우연 |
| brain | [brein] 브레인 : 명뇌, 머리 |
| mistake | [mistéik] 미스테익ㅋ : 명실수 동잘못 판단하다 |
| rest | [rest] 레스ㅌ : 동쉬다 명휴식, 나머지 |
| stare | [stɛər] 스테어~ : 동빤히 쳐다보다, 응시하다 명빤히 쳐다보기, 응시 |
| deep | [diːp] 딮 : 형깊은 부깊이 |

| | | |
|---|---|---|
| **stupid** | [stjúːpid] 스튜핏 : | 형어리석은 |
| **people** | [píːpl] 피플 : | 명사람들 |
| **lead** | [liːd] ㄹ리이ㄷ : | 동이끌다, 데리고가다 명선두 |
| **walk** | [wɔːk] 웍ㅋ : | 동걷다 |
| **hundred** | [hʌndrəd] 헌드레드 : | 수백, 100 |
| **thousand** | [θáuzənd] 싸우전드 : | 수1,000, 천 |
| **brave** | [breiv] 브레이브 : | 형용감한 |
| **floor** | [flɔːr] 플로~ : | 명바닥, (건물의)층 |
| **float** | [flout] 플로우ㅌ : | 동떠오르다, 떠다니다 |
| **fail** | [feil] 패일 : | 동실패하다, 고장나다 명낙제 |
| **pool** | [puːl] 푸울 : | 명수영장, 웅덩이 |
| **keep** | [kiːp] 키잎ㅍ : | 동유지하다 |
| **eat** | [iːt] 잇ㅌ : | 동먹다 |
| **wet** | [wet] 웻 : | 형젖은, 비가 오는 동적시다 명궂은 날씨 |

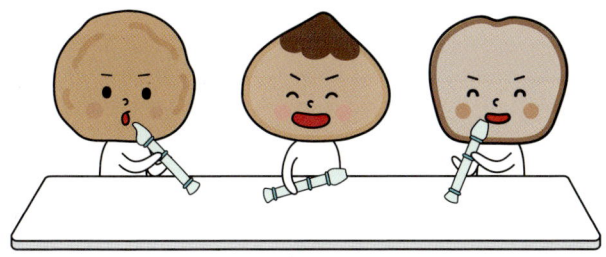

# 평화의 상징을 찾았다

## 6장 평화의 상징을 찾았다

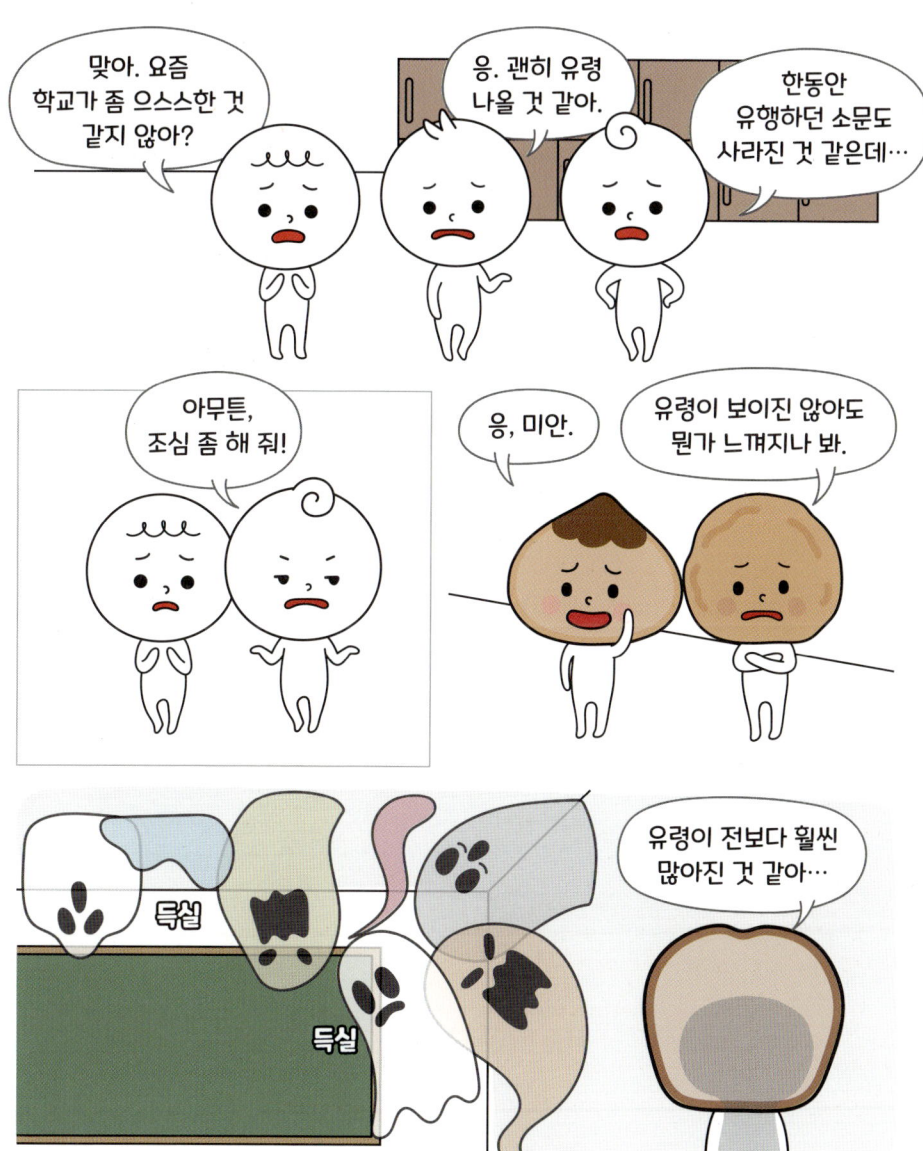

## 6장 평화의 상징을 찾았다

# 6장 평화의 상징을 찾았다

# 6장 평화의 상징을 찾았다

바로 알고, 바로 쓰는 빵빵한 영단어

## 6장 평화의 상징을 찾았다

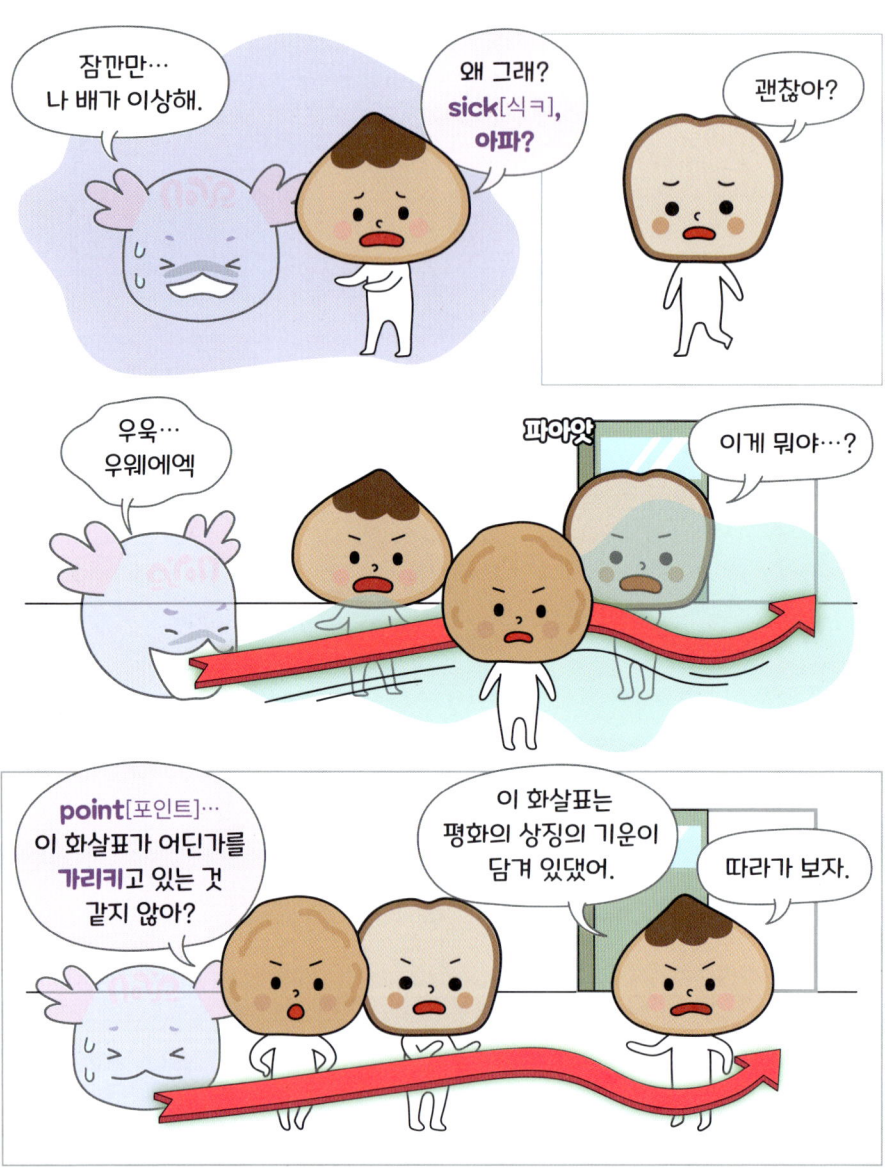

# 6장 평화의 상징을 찾았다

## 6장 평화의 상징을 찾았다

# 6장 평화의 상징을 찾았다

## 6장 평화의 상징을 찾았다

## 6장 평화의 상징을 찾았다

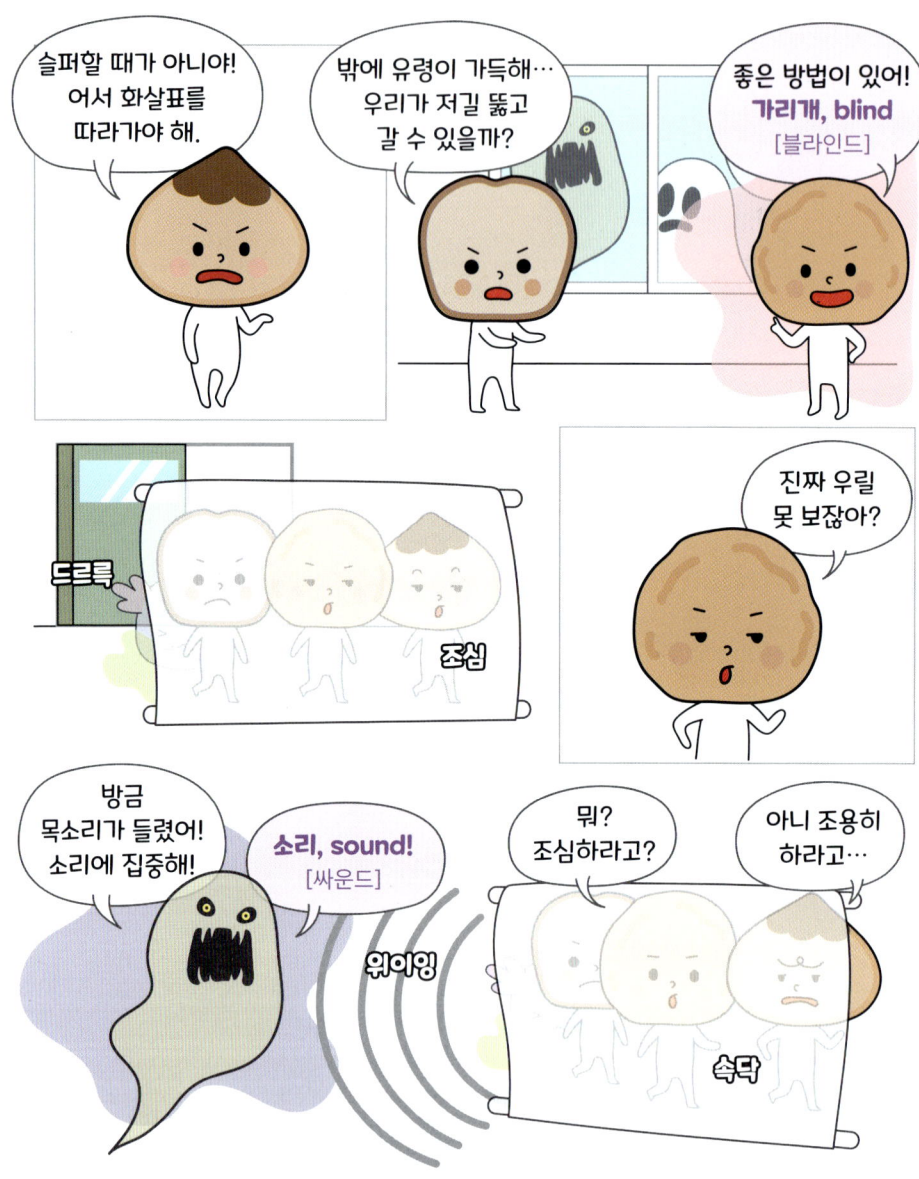

## 6장 평화의 상징을 찾았다

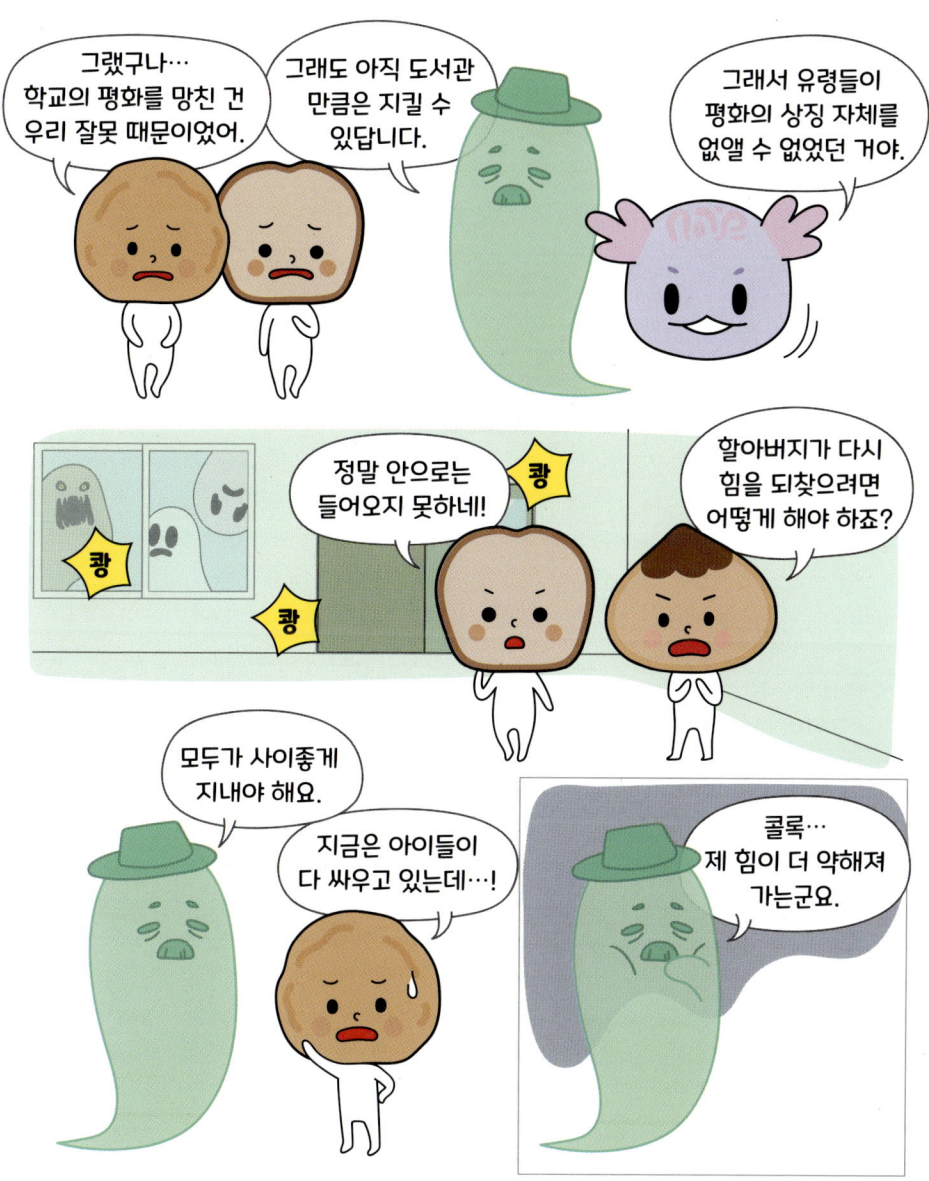

## 6장 평화의 상징을 찾았다

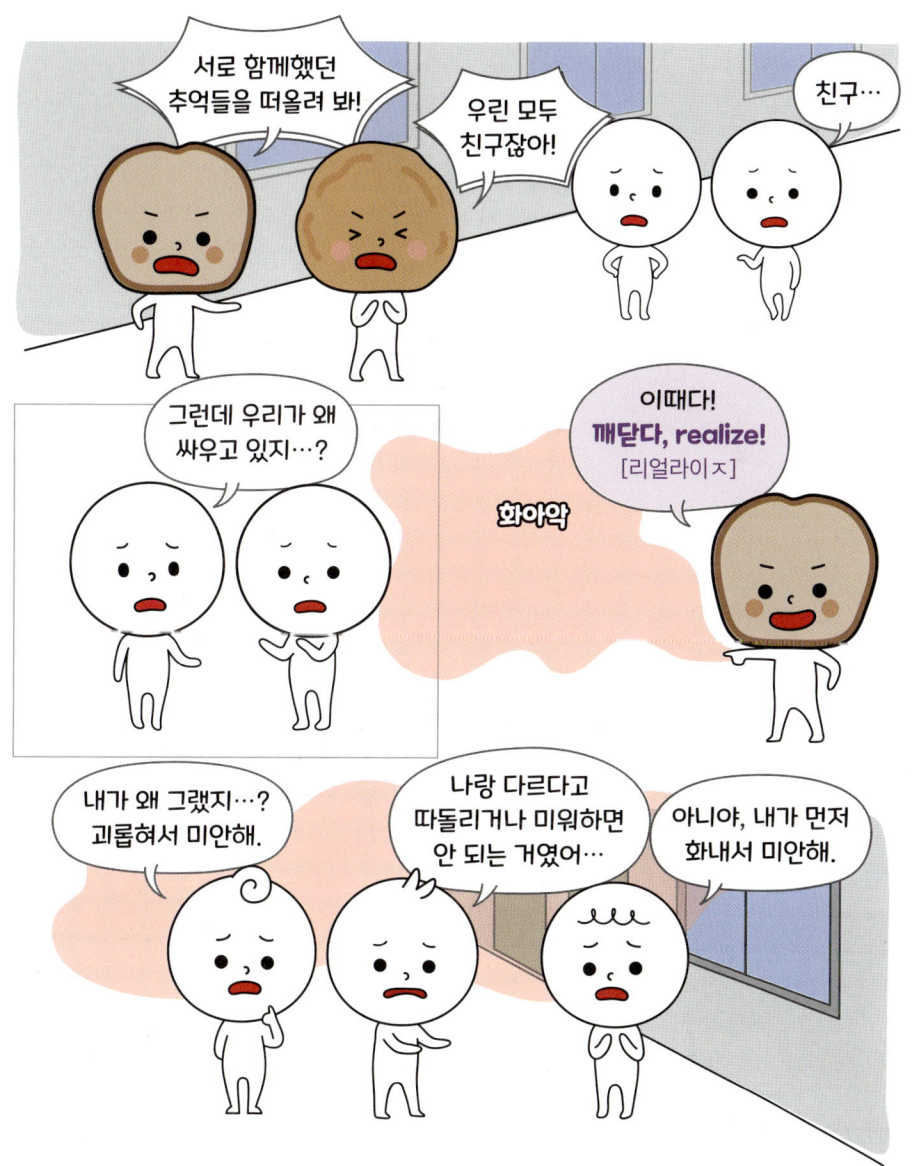

## 6장 평화의 상징을 찾았다

# 6장 평화의 상징을 찾았다

# 6장 평화의 상징을 찾았다

# 단어장

| | |
|---|---|
| smoke | [smouk] 스모우크 : 동담배 피우다 명연기 |
| cold | [kould] 코울드 : 형추운, 차가운 명감기 |
| surprise | [sərpráiz] 써~프라이즈 : 동놀라게 하다 명놀라움, 놀라운 일 |
| bug | [bʌg] 버ㄱ : 명작은 벌레 동도청하다 |
| thunder | [θʌndər] 썬더 : 명천둥, 우레 동천둥이 치다 |
| hear | [hiər] 히어~ : 동소리를 듣다 |
| weak | [wiːk] 위익ㅋ : 형약한 |
| bother | [bάðər] 바더~ : 동신경 쓰이게 하다, 괴롭히다 |
| hate | [heit] 헤이ㅌ : 동싫어하다 |
| repeat | [ripíːt] 리피-ㅌ : 동반복하다 명반복 |
| sick | [sik] 씩ㅋ : 형아픈, 병든, 메스꺼운 |
| point | [pɔint] 포인트 : 명의견, 요점, 동(손가락 등으로) 가리키다 |
| carry | [kǽri] 케어~리 : 동나르다, 휴대하다 |
| fill | [fil] 필 : 동(가득) 채우다 |
| wide | [waid] 와이드 : 형넓은 부완전히 |
| cover | [kʌvər] 커버~ : 동덮다, 담당하다 명덮개, 표지 |
| slide | [slaid] 슬라이드 : 동미끄러지다 명미끄러짐 |
| control | [kəntróul] 컨트로울 : 동통제하다, 제어하다 명지배권, 통제 |
| free | [friː] 프리 : 형부자유로운(롭게), 무료의(로) 동자유롭게 하다 |
| great | [greit] 그레이트 : 형큰, 엄청난, 대단한 |
| straight | [streit] ㅅ트레이트 : 부똑바로 형곧은 |
| door | [dɔːr] 도~ : 명문 |
| change | [tʃeindʒ] 체인지 : 동변하다, 바꾸다 명변화, 기분 전환, 잔돈 |
| brilliant | [bríljənt] 브릴리언ㅌ : 형훌륭한, 눈부신, 뛰어난 |

| | | |
|---|---|---|
| sad | [sæd] 쌔드 : 형슬픈, 애석한 | |
| blind | [blaind] 블라인드 : 형...을 못 보는 명가리개 | |
| sound | [saund] 싸운드 : 명소리 동~처럼 들리다 형견실한 | |
| corner | [kɔ́ːrnər] 코~너~ : 명모서리, 구석 | |
| gap | [gæp] 개ㅍ : 명차이, 공백 | |
| library | [láibrèri] 라이브러리 : 명도서관 | |
| miss | [mis] 미스 : 동놓치다, 지나치다 | |
| old | [ould] 오(울)드 : 형나이 먹은, 오래된 | |
| force | [fɔːrs] 포~ㅆ : 명물리력, 힘 동~를 강요하다 | |
| loud | [laud] 라우드 : 형소리가 큰, 시끄러운 부크게, 시끄럽게 | |
| realize | [ríːəlàiz] 리얼라이즈 : 동깨닫다, 알아차리다, 실현하다 | |
| pardon | [pɑːrdn] 파~든 : 명동 용서(하다) | |
| peace | [piːs] 피이쓰 : 명평화 | |
| friend | [frend] 프렌ㄷ : 명친구 | |
| forget | [fərgét] 포~겟 : 동잊다 | |
| good | [gud] 굳 : 형좋은, 잘하는 명선 | |
| student | [stjuːdnt] ㅅ튜우든ㅌ : 명학생 | |
| normal | [nɔ́ːrməl] 노~멀 : 형정상[보통]의 명평균 | |
| busy | [bízi] 비지 : 형바쁜 | |
| finish | [fíniʃ] 피니쉬 : 동끝나[내]다 | |
| equal | [íːkwəl] 이퀄 : 형평등한 | |

# 바로 알고, 바로 쓰는 빵빵한 영단어

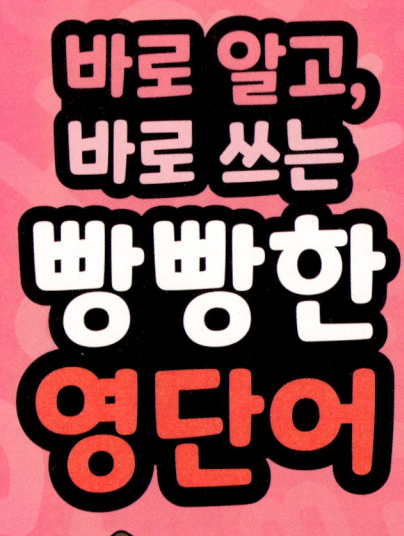